監修者——木村靖二／岸本美緒／小松久男／佐藤次高

［カバー表写真］
サラディン像
（カイロ）

［カバー裏写真］
カイロの城塞のアザブ門

［扉写真］
サラディンの肖像
（1180年頃）

世界史リブレット人24

サラディン
イェルサレム奪回

Matsuda Toshimichi
松田俊道

目次

イスラームの英雄サラディン

サラディン(一一三七/三八~九三)は十字軍と戦い、八八年間占領されていた聖地イェルサレムを奪回したイスラームの英雄として知られている。イスラーム圏だけではなく、ヨーロッパでも伝説の人物として何世紀にもわたって賞賛され、人々を魅了してきた。サラディンとは、のちにヨーロッパ人がつけた呼称であり、アラビア語では、「宗教の正しさ」という意のサラーフ・アッディーンと呼ばれる。正式名は、マリク・アンナースィル・アブー・アルムザッファル・サラーフ・アッディーン・ブン・ユースフ・ブン・ナジュム・アッディーン・アイユーブ・ブン・シャーズィー・ブン・マルワーン・アルクルディーである。

サラディンに関しては、イェルサレム解放者、勇敢な騎士、寛大な寄贈者、簒奪者《さんだつしゃ》、野心家、政治的成り上がり者など、多くのイメージがつくり出されてきた。また、ヨーロッパの文学においてもさまざまなかたちで描かれてきた。その多くは、サラディンの寛容さを描いている。サラディンの死のほぼ一〇〇年後に著されたダンテの『神曲《しんきょく》』の地獄編第四歌に登場するサラディーノは、居並ぶ哲人のなかの一人に位置づけられていた。ボッカチオの『デカメロン』では、サラディンは寛大さから国庫を空にしてしまい、ユダヤ人メルキセデクに大金を用立ててもらう。そして、借金を返済し、彼を末長く友人として厚遇する。この話はレッシング▲の『賢者ナータン』のなかで、サラディンの寛大さをあらわすエピソードとして語られている。

　サラディンにはなぜこのようにさまざまな伝説がつきまとい、歴史的事実にもとづいて記述することが難しくなってしまったのであろうか。サラディンに関するかぎり、すでに生前から伝説の人物になってしまったことがわかる。彼の勇敢な行為は、ヨーロッパ人が帰国した際に彼らによって誇張され、かたちを変えて語られ、伝説に加えられた。しかもこれは彼が生きている間のことで

▼レッシング（一七二九〜八一）　ドイツの劇作家。近代的な市民劇の創始者となった。『賢者ナータン』は、十二世紀末のイェルサレムが舞台で、ユダヤ人ナータン、サラセン王、キリスト教徒の騎士などが登場する。『デカメロン』に出てくる「三つの指輪」の話を発展させ、ユダヤ教、イスラーム教、キリスト教の間に、愛と理解が必要であることを説いた。

▼イマード・アッディーン・アルイスファハーニー（一一二五〜一二〇一）　イスファハーンで政府高官を輩出する家系に生まれた。ヌール・アッディーンに仕え、文書庁長官、マドラサの教授、国務長官などを務めた。ヌール・アッディーンの死後、サラディンに仕え、『イェルサレム征服の書』『シリアの稲妻』を著した。イマード・アッディーンの記述は、直接見聞した事実を伝えているので、正確さにおいてきわだつ。とりわけ、戦闘のようす、武器、交渉の内容などである。ファーディルの書簡もおさめられている。

あった。物語は増殖し、歴史上の人物であるサラディンは影のなかに入り込んでいったのである。また、十字軍によって占領されてから八八年後のイェルサレム奪回とそのイスラームへの回復は、彼をイスラーム圏でもっとも有名で強大な人物に変えた。そしてイスラームにおける第三の聖地の回復を求めた、ムスリムの強い願望と希望の象徴になったのである。

　アラビア語によるサラディンの伝記に関しては、二つの有名なものが残されている。スンナ派の支配者たちの伝記についていえば、これらに匹敵するものがサラディン以前にはほとんど見受けられない。一つは、イマード・アッディーン▲の『シリアの稲妻』▲であり、もう一つは、イブン・シャッダード▲の『サラディンの稀有で至高の歴史』（七頁参照）である。しかし、これらの伝記は、それまでのイスラーム史における偉人たちに匹敵する人物としてのサラディン像を生み出すという前提のもとに書かれている。いわば、アラビア語でマナーキブと呼ばれる善行や徳のすばらしさをたたえる聖人伝の性格も兼ね備えていることに注目しなければならない。例えば、

　彼（サラディン）が死去したとき、彼はザカート▲が課せられるものをなにも

▼『シリアの稲妻』　イマード・アッディーンが著したサラディンの伝記。一一六七～九三年までを取りあつかう。その写本は早い時期に散逸し、第三巻（一一七七～八〇）、第五巻（一一八二～八五）のみがボドレイアン図書館に現存する。しかし、十三世紀初頭にブンダーリーによってその要約が『シリアの稲妻の輝き』としてまとめられた。

▼バハー・アッディーン・イブン・シャッダード（一一四五～一二三四）　イラクのモスルで生まれた。政治家ではなくハディース学者であった。サラディンによって見出され、サラディンの腹心として仕えた。サラディンのために協約文書のジハードの賞賛すべき点について起草した。サラディンは彼をイェルサレムの大法官に任じている。

▼ザカート　イスラームの五柱の一つ。本来の意味は「浄め」で、ムスリムが所有する財産に対して一定の割合で課せられる税であるが、強制力はない。その使途は、困窮者の救済のためであった。

所有していなかった。サダカに関していえば、彼が所有したあらゆるお金が使いはたされた。彼の死後金庫に残されたものは、銀貨四七枚と金貨一枚だけであった。彼は、財産も、家屋も、不動産も、果樹園も、村も畑も、それ以外の財産も残さなかった。

というような記述である。

これまでサラディンについては、多くの書物が記されてきたが、そのような伝記のもつ背景を十分考慮してサラディンを評価しなければならない。

▼タクリート　十世紀の地理書にもすでにその記述が見受けられる城塞都市であった。十二世紀にここを訪れた旅行家イブン・ジュバイル（二三頁頭注参照）は、その繁栄ぶりと難攻不落の城塞について記している。

①—アイユーブ朝の創設

ファーティマ朝の滅亡とサラディンの登場

サラディンは、ヒジュラ暦五三二年(一一三七年九月十九日から三八年九月七日の間)にイラクのティグリス川沿いのタクリート▲(現代ではティクリート)でクルド人として生まれた。クルド人はカスピ海の西と南の地域を根拠地としていたが、その拠点をシリア北部にも拡大していた。またこの地域は、クルド、ペルシア、トルコ、アラブの伝統の影響を受けていたのである。それはサラディンの二人の兄のシャーハン・シャーとトゥーラーン・シャーはペルシア名をもち、サラディンと弟のアーディルはアラブ名をもち、すぐ上の兄のトゥグテキーンと弟のブーリーはトルコ名をもつことからも推測される。彼の父アイユーブと叔父シールクーフ▲はセルジューク朝▲に仕えていた。父アイユーブはそこで代官《ワーリー》をしていた。やがて一家はザンギーとその子孫に奉仕変えをおこない、アレッポに移った。のちにはダマスクスの統治者ヌール・アッディーン▲に仕えていた。サラディンはシリアで、幼少期、青年期を過ごした。そこで軍事訓練を

▼アサド・アッディーン・シールクーフ(?〜一一六九)　ザンギーに仕えていた。ザンギーの死後、ヌール・アッディーンに仕え、甥のサラディンとともにエジプトに派遣された。

▼セルジューク朝(一〇三八〜一一九四)　オグズ・トゥルクメン族のセルジューク家は、十世紀末に台頭して勢力をなした。セルジュークの孫のトゥグリル・ベクは、一〇五五年にアッバース朝カリフの要請でバグダードに入城し、カリフから史上初のスルターンの称号を授与され、セルジューク朝の初代スルターンに就任した。その支配領域は、シリア、ホラズム、フェルガーナ、イエメンにまで達した。第三代スルターンのマリク・シャーの治世に最盛期をむかえた。

▼ヌール・アッディーン(一一一八〜七四)　ザンギー朝の第二代君主。ザンギーのあとを継いで、アレッポ、ハマー、モスル、ダマスクスを支配した。シリアの統一と十字軍との戦いを推進した。

受け、武将としての経験と名声をえていた。

ファーティマ朝▲末期のエジプトは、かつての栄光は失われ、色あせた輝きと過去の記憶のみが残っていた。この時期、シリアのムスリム軍は十字軍との戦いにおいてしだいに彼らを押しのけていた。このため十字軍勢力は、ムスリム軍との戦いを有利にするために南方に横たわる瀕死のエジプトに目をつけた。イェルサレム王アモーリー▲は、二度にわたりエジプトを襲撃した。シリアのザンギー朝の支配者であったヌール・アッディーンは、一一六四年から六九年の間にエジプトに三回遠征軍を派遣した。第一回目は、ファーティマ朝最後のカリフ、アルアーディド▲の宰相シャーワル▲の要請にこたえるものであった。シャーワルは一一六三年、ライバルのディルガームによって解任させられたあと、ダマスクスに亡命していた。そこで彼はヌール・アッディーンにエジプトの歳入の三分の一を見返りに支援を要請した。エジプトの豊かな富を手に入れることができるということは、ヌール・アッディーンにとっては大変魅力的な話であった。ヌール・アッディーンはこれにこたえて、クルド人のアミール（総督）であったシールクーフを派遣した。サラディンは、叔父のシールクーフに従い

▼ファーティマ朝　シーア派の分派イスマーイール派の王朝。北アフリカにおいて台頭し、アッバース朝カリフに対抗してカリフを擁立した。エジプトを征服してカイロを建設し、豊かなエジプト経済を背景にして、アズハルを中心に学問の発展に貢献した。

▼アモーリー一世（一一三六〜七四）　ボードワン三世の弟で一一六三年にイェルサレムの王位を継承した。

▼アルアーディド（一一五一〜七一）　第一四代で最後のファーティマ朝カリフ。カリフ・ハーフィズの孫。一一六〇年に九歳でカリフ位についた。カリフとしての存在感はなく、二一歳でこの世を去った。

▼シャーワル（?〜一一六九）　上エジプト総督に任じられた。反乱を起こしてカイロに進軍し、一一六三年に宰相に就任した。まもなく政敵のディルガームによって職を追われ、ダマスクスに落ち延びヌール・アッディーンに支援を求めた。ヌール・アッディーンはシリア軍を派遣し、シャーワルはファーティマ朝の宰相の職に復帰した。

●サラディンの系図

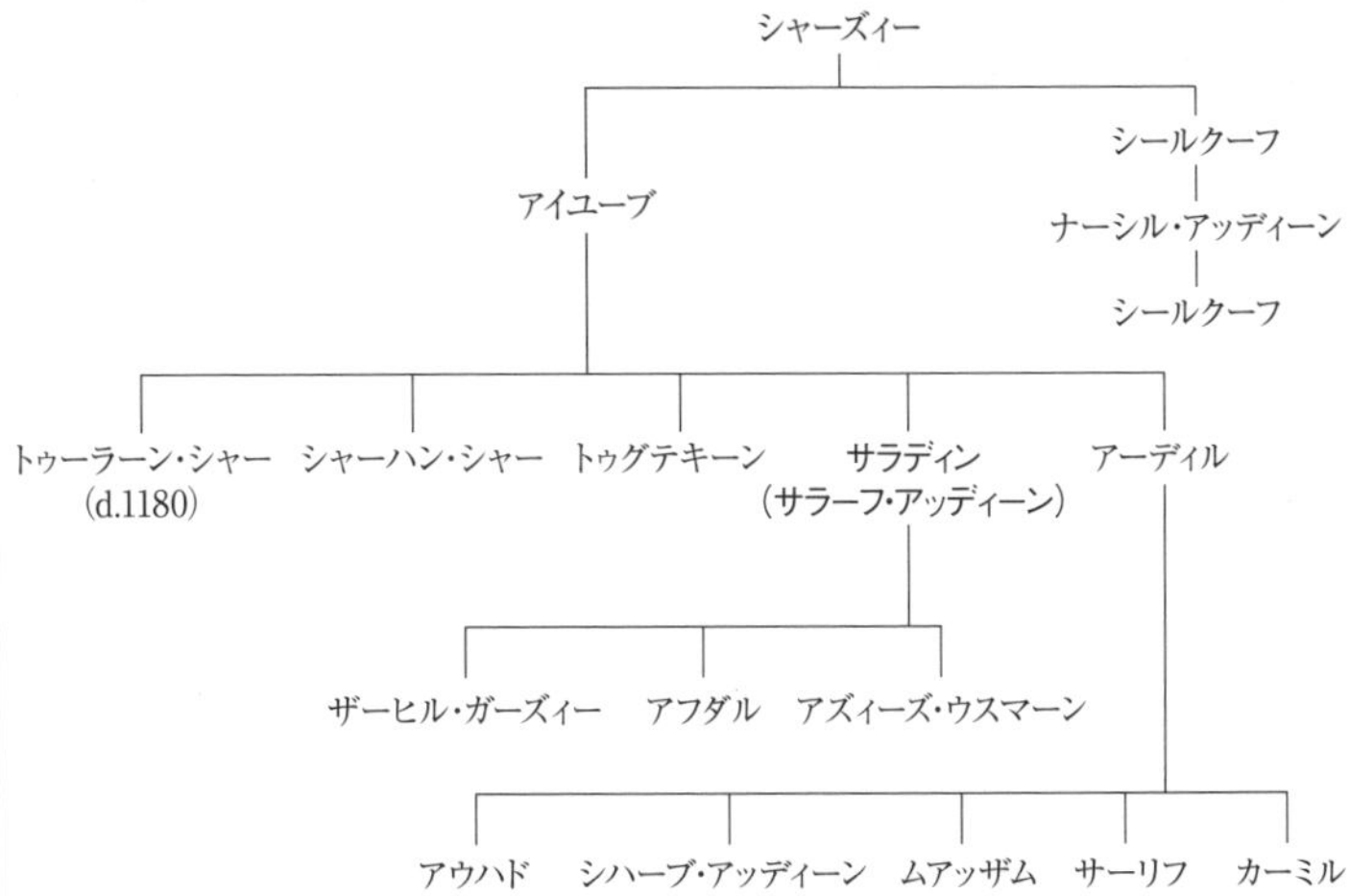

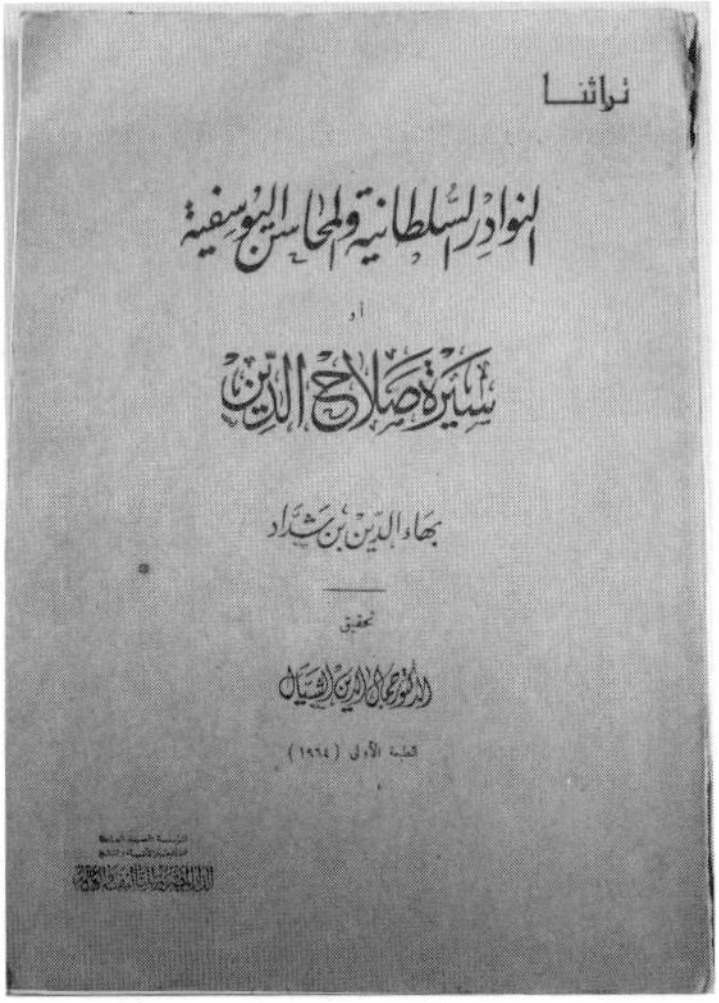

●カイロの城塞内の軍事博物館前にあるサラディン像(右)**と『サラディンの稀有で至高の歴史』**(左)　『サラディンの稀有で至高の歴史』は、イブン・シャッダードによって記されたサラディンの伝記。十二世紀のほぼ終わりころ書かれ、いわゆる聖人伝に近いかたちをとる。その目的は、サラディンの徳をたたえること、とりわけ、彼の宗教的熱心さ、正義感、寛大さ、慈悲深さ、勇敢さを記すこと、また彼の経歴、とくにイェルサレムの征服と第三回十字軍について記すことであった。記述の際には、記述の類似点からイマード・アッディーンの『イェルサレム征服の書』を参照していることがわかる。しかし、一一八八年からは彼自身がえた独自の情報が増加する。写真は一九六四年に刊行されたもの。

遠征に参加した。彼らはディルガームの殺害に成功し、シャーワルを復帰させた。しかし、シリア軍はシャーワルによって出し抜かれた。シャーワルはアモーリーを迎え入れたのである。シャーワルはザンギー朝と十字軍勢力とを外交とたくみな策略によって対立させようとした。だが両者の対立は決定的にはならなかった。

　一一六七年、シールクーフはふたたびエジプトに進軍した。アモーリーもシャーワルによってふたたび招かれた。このときも両者の決着はつかなかった。翌六八年、アモーリーとシャーワルが決裂し、アモーリーはエジプトに進軍した。カイロの防衛のため、シャーワルはフスタート▲を炎上▲させた。フスタートは五四日間炎上したといわれている。十字軍勢力の進軍を恐れたファーティマ朝カリフは、ヌール・アッディーンに支援を要請した。シールクーフはアモーリーを退けることに成功し、シャーワルを殺害した。シールクーフはファーティマ朝カリフによって宰相に任命された。

　シールクーフはその二カ月後の一一六九年三月二十三日に死去した。その三日後、ファーティマ朝カリフはサラディンを宰相に任命した。そのとき、サラ

▼フスタート　アラブ軍によるエジプト征服後、アムル・ブン・アルアースによって六四二年に建設されたイスラーム時代最初の都市。フスタートはテントという意味であるといわれる。十一世紀に破壊されたが、のち再建された。

▼フスタートの炎上　一一六八年、アモーリー率いる十字軍勢力によって、城壁都市カイロの攻撃に隣接するフスタートが利用されるのを防ぐため、火が放たれた。フスタートに位置するアムル・ブン・アルアースのモスクは比較的影響を受けなかったものと思われる。サラディンの時代には回復している。

ディンは三一歳であった。ファーティマ朝の宰相の形式にのっとり、彼にもマリク・アンナースィルの称号が与えられた。サラディンは、このとき微妙な立場におかれていた。すなわち、ファーティマ朝の宰相でもあり、ヌール・アッディーンの総督でもあったのである。

アイユーブ朝の成立に関し、後世の歴史家は、一一七一年のファーティマ朝最後のカリフの死による王朝の滅亡によってではなく、サラディンがファーティマ朝の宰相に任命され、実質上の権力を手に入れた一一六九年をその創設とみなしている。サラディンによって創設されたアイユーブ朝は、およそ八〇年間の短命の王朝であったが、エジプト前近代史において時代を画する王朝であった。というのも、この時代に、近代初頭にいたるまで維持されてきた諸制度が出現したからである。

サラディンはエジプトに多くの変化をもたらした。とりわけ重要な変化は、新しい軍隊の創設であった。サラディンは彼を支持する彼自身の強力な軍隊を構成するため、彼の一族とその配下の者たちにイクター▲を割りあて、彼自身のマムルーク▲の購入を開始した。またサラディンは、それまでファーティマ朝体

▼イクター　十世紀に中東において広まった制度。軍人への徴税権の授与で、徴税権とその権利がおよぶ土地などをイクターと呼ぶ。イクター保有者はムクターと呼ばれ、君主への軍事奉仕が義務づけられた。九四六年ブワイフ朝のイラク征服を契機に、俸給にかえて軍人にイクターを授与し、当該地の徴税と管理を任せたことに始まった。

▼マムルーク　奴隷という意味。一般的には、トルコ系などの白人奴隷をさす。マムルーク朝では、奴隷出身の支配者階級をさすようになった。

制を支えた二つの軍団を解体した。すなわち、黒人奴隷兵軍団とアルメニア人軍団▲である。一一三〇年代以後ファーティマ朝カリフの権力が弱まると、カイロでは有力な宰相たちが台頭することになった。一一三五～三七年の間に、カリフは宰相に、非ムスリムの、すなわちアルメニア人キリスト教徒のバフラーム▲を任命した。その後宰相は、スンナ派▲のアブー・アルファトフ・リドワーン・ブン・ワラフシーに取って代わられた。ワラフシーの宰相任命は、カイロにおいて両者の衝突を誘発した。一一三七年の戦闘ではムスリムの大衆はアルメニア教会や修道院を攻撃した。

この抗争は、おそらくサラディンの民族集団に対する政策に影響を与えることになった。サラディンは最初から反アルメニア政策を支持し、アルメニア軍団の解体に着手した。彼はアルメニア教会総主教と修道士をエジプトから追放し、アルメニア教会の財産を没収した。またアルメニア人兵士によって所有されていた財産をも没収し、アルメニア人の経済的基盤を衰えさせた。同様に彼は、軍寄進財産（アルメニア軍司令官バドル・アルジャマーリーが彼の子孫を支援するために創設した寄進財産）を没収し、自分の弟アーディルに与えた。寄進財

▼黒人奴隷兵軍団とアルメニア人軍団　この時代のエジプトの正規軍は、いくつかの騎兵部隊、三万～五万の黒人奴隷兵軍団、アルメニア人歩兵軍団で構成されていた。

▼バフラーム（?～一一四〇）　ファーティマ朝に仕えたアルメニア人で、キリスト教徒。アルメニア軍団の指揮官、宰相に就任した。アルメニア人がエジプトに来住した。十一世紀には多くのアルメニア人がエジプトに来住した。バフラームによってアルメニア人がエジプトで活躍する道が開かれた。

▼スンナ派　シーア派とともにイスラームを二分する派。圧倒的多数を占める。預言者のスンナ（慣行・範例）を受け入れる民を意味する。法解釈をめぐって相違が生まれ、シャーフィイー派、マーリク派、ハナフィー派、ハンバル派の四法学派がスンナ派の公的学派として確立した。

産はハラージュ庁▲の支配下におかれた。

サラディンの次の政策は、彼に忠誠を誓い、支持した兵士たちの経済的基盤を安定させることであった。サラディンは、ファーティマ朝およびその支配者層と軍隊の経済的基盤を手中にすると、それを新しい支配者層と軍隊に再配分した。

サラディンによってエジプトに創設された軍隊の特徴を要約すると、①トルコ人およびクルド人で構成された。②騎兵軍であった。③規模は小さいが費用のかさむ軍隊であった。④イクターによって維持された、ということである。

新しい財源は、彼の財力を拡大し、軍隊や支持者へ割りあてる額を増大させることを可能にした。さまざまな軍事事業の財源の確保を可能にしたこの諸施設からの収入を使い、カイロの市壁の建設やマドラサや病院などの施設の事業を推進することができたのである。

スンナ派の復活

サラディンの活動は、政権を手にしてから死までのおよそ二〇数年間にわた

▼**ハラージュ庁**　ハラージュ(地租)徴収の事務をつかさどる役所。

る。そのうち、一二年間はザンギー朝勢力、すなわち彼の主人であったヌール・アッディーンの一族とその支持勢力との戦い、五年間は十字軍諸王国と第三回十字軍に対するジハード▲に費やされた。

　そのような活動のなかで、サラディンは、イスラーム帝国のような一つの統合された政治的体制の回復を目論《もくろ》んでいた。しかもアッバース朝カリフの支配下でイスラーム法の支配を回復することをめざしていたのである。

　アイユーブ朝を創始したサラディンは、その実現のためさまざまな改革をおこない、諸政策を実施した。そのなかでも、とりわけ重要な政策は、十字軍勢力の一掃とスンナ派イスラームの復活であった。

　サラディンは、一一七一年、二〇二年間継続したファーティマ朝のエジプト支配の歴史に幕を下ろした。彼が宰相に任ぜられたとき、ファーティマ朝は、まもなく倒れるとはいえ依然としてエジプトの財政を支え、比較的強い軍隊、司法行政、文書庁などの機能を維持していた。また、イスマーイール派▲、スンナ派、コプト教徒▲に属する人々、アラブ人、アルメニア人、スーダン人などの民族集団もまだ政権に残存していた。さまざまな政治的派閥間の対立は血生臭

▼ジハード　一般的に「聖戦」と訳す。イスラーム圏（ダール・アルイスラーム）の拡大または防衛のための戦いをいう。イスラーム法の理念では、イスラームの主権が確立されていない地域は、「戦争の家」（ダール・アルハルブ、六九頁頭注参照）と定義され、その主権が確立するまでジハードがおこなわれる。

▼イスマーイール派　シーア派に属し、十二イマーム派の分派で、七六五年、第六代イマーム、ジャーファル・サーディクの死に際し、その子イスマーイールのイマーム位を支持した派である。十世紀初めに創設されたファーティマ朝の創始者ウバイド・アッラーフは、預言者の娘ファーティマの血をひくと称し、スンナ派と対立した。

▼コプト教徒　エジプトの単性派のキリスト教徒。コプトの語源は、ギリシア語のアイギュプトス（エジプト）であり、そのアラビア語表現がコプトになったといわれている。

い内部抗争へと発展し、ときにはそこにヌール・アッディーンの派遣団の干渉、また十字軍の直接的な干渉がおよんだ。そこには王朝の華麗さ、そこに集積される巨大な富、王朝を守る軍隊があった。ファーティマ朝のカリフの威厳あるイメージは、カリフの年中行事への参加により人々の間に広まり、その名声は銘文やコインに名前が刻まれること、そしてエジプト中のモスクで毎週金曜日の礼拝でフトバ▲に名前を呼ばれることで高まっていた。

サラディンに突きつけられた大きな問題は、政治的正当性の問題であった。ファーティマ朝カリフの政治的権威は、信者の長というだけではなく、宗教的に正当化されたもの、つまり、彼自身が神に選ばれた支配者であるとみなされていた。それゆえサラディンは、アッバース朝カリフを支持すること、聖戦への参加、正義の擁護者であることから正当性を導き出したのである。

スンナ派の影響力を強めるため、サラディンは一一七〇年九月、エジプトにおける彼の最初のマドラサ(学院)であるマドラサ・ナースィリーヤをフスタートにあるアムルのモスクにほど近い街区に建設した。これはシャーフィイー派▲のマドラサであった。同年十月初めにフスタートにマーリク派▲のマドラサ・カ

▼フトバ　大モスクで金曜礼拝の際におこなわれる説教。フトバでは支配者の名前が読みあげられる。したがって、支配者にとっては、フトバに自分の名前が呼ばれることと、貨幣に自分の名前が刻まれることが重要な意味をもつ。

▼シャーフィイー派　シャーフィイーが開祖のスンナ派の法学派。サラディンの保護を受けてエジプト・シリアで栄えた。アシュアリー、マーワルディー、ガザーリーなど、この派に属する高名な学者は多い。

▼マーリク派　マーリク・ブン・アナス(七〇九頃〜七九五)を祖とする法学派。早くから上エジプト、北アフリカ、イベリア半島に伝えられ、のちに北アフリカから内陸アフリカの各地に広まった。

ムヒーヤ（小麦のマドラサ）を建設した。これらのマドラサはワクフ物件の収益によって運営されていた。後者は、このワクフの受益者である教授と学生たちが、ワクフ物件である村からの穀物によってえられた現金を受け取っていたことから名づけられた。

ついで、反ファーティマ朝政策として、エジプトの司法行政の変革に着手した。一一七一年三月二日、主席裁判官をシーア派から、シャーフィイー派でサラディンと同じくクルド人のサドル・アッディーン・ブン・アッダルバースにかえた。新任の主席裁判官はそのほかの裁判官のいれかえをただちにおこなった。そして一一七一年二月、カーディー・アルファーディル▲を文書庁長官に任命し、サラディンは彼に国政の管理を託した。

一一七一年の八月に、サラディンはヌール・アッディーンから再度ファーティマ朝に幕を下ろすように駆り立てられた。サラディンは、法学者たちに意見を求めた。それに対しサラディンの信望あつい法学者ハブーシャーニー▲は、ファーティマ朝カリフに対する最後の行為を正当化するファトワー▲を出したのである。ヒジュラ暦五六七年の新年の最初の金曜日（一一七一年九月三日）が近づ

▼カーディー・アルファーディル（一一三五〜一二〇〇）　サラディンのもっとも信頼厚き助言者の一人。サラディンより二歳年上で兄のような存在であった。一一七一年にサラディンに仕える前はファーティマ朝に仕えていた。アレクサンドリアでカーディー職についているときに見出され、アイユーブ朝の全行政および軍事遠征の財務をつかさどり、カイロにおける文書庁の長官を務めた。彼が起草した文書、書簡は、サラディンの政策を知るうえで重要な情報を提供してくれる。彼はサラディンのシリア遠征にともない、九三年のサラディンの死まで彼に付き添った。サラディンの死後は、彼の二人の息子に仕えた。

▼ナジュム・アッディーン・ムハンマド・アルハブーシャーニー（生没年不詳）　シャーフィイー派の法学者・サラディンがエジプトの支配者になったときに、彼の学識を評価し迎え入れた。シャーフィイー廟に隣接するマドラサが完成すると教授職を委任された。

いていた。その日のフトバで読み上げられる名前がどうなるかということが大きな問題になっていた。

同年九月十日、フスタートでフトバがアッバース朝カリフ、アルムスタディー▲の名でおこなわれた。アラブの歴史家アブー・シャーマは次のように記している。

> サラディンはフスタートでその年の最初の金曜日のフトバをアッバース朝のためにおこなう準備を始めた。第二金曜日には、彼らのためにカイロでフトバをおこなった。エジプトのカリフの名ははずされた。

その三日後、ファーティマ朝最後のカリフ、アルアーディドが死去した。この死因については、史料上諸説あるが、自殺やフトバから名前をはずされたことのショックからではなく、病死であった。

> 彼（アーディド）の家族と家臣は誰一人として、フトバから彼の名がはずされたことを彼に告げる者はなかった。彼らはいった。「もし彼が回復すれば、彼はそのことを知るであろう。しかし、もし彼が死去することになれば、死を前にしてこのことで彼を悩ますべきではない」と。

▼ファトワー　ムフティーとよばれるイスラーム法の権威者による種々の問題に関する法的判断。

▼ムスタディー（在位一一七〇～八〇）　アッバース朝のカリフ、アルムスタンジドとアルメニア人女奴隷ガッダとの間の子。一一七〇年、父が暗殺されたことにより、バグダードでカリフに就任した。その翌年、エジプトにおいてもカリフとして認められた。

ファーティマ朝最後のカリフ、アルアーディドは、一一七一年九月十三日、アーシューラーの日に死去した。

サラディンがおこなったこのような政策によって、徐々にスンナ派が復興していった。スンナ派のなかで、シャーフィイー派とマーリク派はこのようにしてより強く台頭していくことになった。アズハル・モスクでは、ファーティマ朝統治下のシーア派に属するイスマーイール派の教育に関する伝統的な講義は中断された。そして金曜モスクとしての地位は失われた。アズハル・モスクはスンナ派の建物として復活したが、低い地位を保ち続けた。その地位が回復したのは次のマムルーク朝時代になってからであった。

エジプト人の民衆は、ファーティマ朝統治下もスンナ派のままとどまった者が多かった。それゆえ、サラディンにとってエジプトにおけるスンナ派への移行はそれほど大きな困難をともなわなかった。スンナ派の伝統はエジプトに残されていたのである。シャーフィイー派の開祖シャーフィイーの廟はフスタートにあり、サラディンは人生の最後の数年間にここを訪問している。シャーフィイーを崇拝する人々はサラディンがここを大きくしてくれるのを待っていた。

▼アーシュラー　アラビア語で一〇を意味する語からの派生語。ヒジュラ暦ムハッラム月の第一〇日目をいう。六八〇年のこの日、預言者ムハンマドの孫であったフサインがカルバラーでウマイヤ朝の軍隊に殺害されたことから、シーア派の人々はフサインの殉教を哀悼する行事をおこなっている。

▼アズハル・モスク　ファーティマ朝は、九七〇年に新都カイロの中央モスクとしてアズハル・モスクの建設を開始し、九七二年に完成させた。付属する学院の開始について詳細は不明であるが、九八八〜九八九年に三五人の法学者が教授に任命され、教育が開始された。ファーティマ朝時代はイスマーイール派の学院であったが、アイユーブ朝時代からスンナ派の学院として発展した。イスラーム諸学、アラビア語学の中心拠点としてウラマーを輩出し続けた。

▼アブー・アブドゥッラー・ムハンマド・ブン・アッシャーフィイー（七六七〜八二〇）　スンナ派四法学派の一つのシャーフィイー派の始祖。メッカで生まれ、七歳でコーランを暗記したといわれる。一五歳でファトワー（法判断）を出すことを許された。その後、バグダードを経てエジプトに移り住んだ。主著は『起源の書』。

アッバース朝カリフの委任

られた。

サラディンのエジプトでの成功の知らせは、ダマスクスやバグダードに伝えられた。

バグダードに吉報が届くと、数日間祝賀の太鼓が鳴らされ、飾り付けがおこなわれた。おさえきれない喜びがあらわされた。名誉の服がイマード・アッディーン・サンダルによってたずさえられてヌール・アッディーンとサラディンに贈られた。サンダルはヌール・アッディーンのもとに進み出て、名誉の服を彼に着せた。そしてサラディンのための名誉の服とエジプトの導師たちのためのものおよび黒い旗を運んだ。

一一七一年十二月八日、エジプトの新しい貨幣が鋳造された。アッバース朝カリフの名が刻まれていた。ファーティマ朝時代を終焉させ、エジプトのアッバース朝への忠誠が復活したことをあらわす儀式が七二年三月十日におこなわれた。この日サラディンは、アッバース朝のカリフの大義のために貢献したことが認められ、バグダードから贈られた「名誉の服」と記章を身に着け人々の前にあらわれたのである。さらに翌日、フスタートやカイロのモスクでは、ミンバル▲がアッバース朝の黒い旗で装飾され、説教師たちはバグダードから贈られた黒い服で着飾った。ムスリムの支配者の第一の義務は、イスラームを擁護することであった。それゆえ、支配者に求められていることは、神、神の使徒である預言者、預言者の継承者であるカリフへの奉仕であった。また彼の臣民の利益のために、支配者は正義、平和、繁栄を広めなければならなかった。サラディンはこのあるべき支配の型にしたがって行動したのである。アッバース朝カリフから与えられた権威の委譲は、サラディンの支配者層と宗教指導者層のより広い容認と協力を勝ち取るために有効であった。また、カリフの言葉は重く、彼の目標のための資金集めや忠誠を求めるのに役立った。

こうして一一七一年の終わりまでに、サラディンはファーティマ朝の権力機構を段階的に整理する諸政策を完了させた。また、カリフ領や封建領地は没収され、カイロの宮殿▲はサラディンの傑出した部下の一人であるカラークーシュ▲の管理下におかれた。ファーティマ朝の紋章は取り去られ、シーア派のムアッズィン▲が呼びかけるアザーン▲は消し去られた。

ファーティマ朝カリフの廃位が平穏におこなわれたのは、カイロの住民の政

▼ミンバル　説教壇のこと。ミフラーブの傍らにおかれた。金曜礼拝をおこなうモスクには欠かせない。金曜日にハティーブ（フトバをおこなう者の意）がここでフトバをおこなう。時には布告や公文書の通達がここからおこなわれることもあった。

▼カイロの宮殿　ファーティマ朝カイロのバイナル・カスライン通りを挟んで東西に位置した。

▼バハー・アッディーン・カラークーシュ・アルアサディー　最初はシールクーフに仕えていた宦官であったが、サラディンによって解放され、サラディンに仕えるようになった。サラディンはエジプトの支配者となったとき、彼を城塞建設の監督者に任命した。

▼ムアッズィン　一日五回モスクのミナレットから流れる礼拝の呼びかけ（アザーン）をおこなう者。

▼シーア派のアザーン　スンナ派のアザーンに、「いざや至善の行為のために来たれ」（ハイヤー・アラー・ハイリ・ルアマリ）という一句がつけ加えられている。

治的無関心からではなく、あるいはカリフ、アルアーディドの死去のタイミングによるのでもなく、サラディンによって周到に練り上げられたファーティマ朝勢力を一掃する計画によってであったと思われる。

ファーティマ朝の支配者層のいれかえの主要なものは、カリフの廃位であった。サラディンは宰相としてとどまることに満足していたのかもしれない。政権はサラディンにエジプトの実質的な支配を委任し、ヌール・アッディーンから独立した地位を与えた。しかし、サラディンは、ヌール・アッディーンとアッバース朝のカリフからの抑圧をはばむことができなかった。そのことは、一一七一年十二月八日にエジプトの貨幣にアッバース朝カリフのムスタディーとヌール・アッディーンの名前を刻むことを命じたことにもあらわれている。一一七四年に、ヌール・アッディーンの死の際に、新しい王朝の樹立を宣言し、サラディンはアッバース朝のカリフと自分自身の名前を刻んだ金貨を発行した。

②—サラディンの改革

行政機構の改革

政権を手中にしたサラディンは、さまざまな改革に着手したが、それらはその後の歴史を決定づけるような重要なものであった。

サラディンは民衆の安寧に多大なる注意をはらった支配者であった。そのためには行政機構を健全で有能なものにする必要があった。とりわけ重要であったのは、徴税業務であった。というのもそれはサラディンの戦争の資力を生み出すものであったからである。また、戦争だけではなく、彼のあらゆる領土のなかで、軍事施設や宗教施設の建設のためにも多くの資金が必要であった。サラディンはその大半をエジプトからえていた。サラディンにとって幸運であったことは、エジプトには良く組織された行政機構があったことである。彼はただ増大する軍隊の要求に行政機構を順応させるだけでよかった。

ファーティマ朝統治下、行政機構は官庁であるディーワーン▲からなっていた。そのうちもっとも重要なものは、財政、軍事、文書行政に関するものであった。

▼**ディーワーン**　イスラーム帝国の行政機関。ウマイヤ朝時代、徴税を担当する税務庁、カリフの文書を作成する文書庁、文書の封緘をおこなう印璽庁、戦士の登録と俸給の支給を担当する軍務庁、駅逓を管理する駅逓庁などが設けられた。アッバース朝時代には、官僚機構が細分化し、ディーワーンの数も増加した。さらにディーワーンの業務を監督する監督庁も創設された。アッバース朝以降の諸王朝もそれを踏襲した。

▼**アリー・マフズーミー**（生没年不詳）　シャーフィイー派の裁判官で、ファーティマ朝時代枢密院の長官を務めた。アイユーブ朝初期に財政上の重要なポストに就任した。サラディンがエジプトを支配した直後に『エジプトにおけるハラージュの学問に関する提案』を編集した。一一八五〜八六年に改訂し、ファーティマ朝末期とアイユーブ朝初期の財政制度に関する情報をつけ加えた。

▼**イブン・マンマーティー**（?〜一二〇九）　上エジプトのアシュートのコプト教の高名な家系の出身。

サラディンは文書庁、軍務庁を保持したが、後者により重点をおいた。財政に関するものは国庫庁に再編された。また、諸官庁の活動を監督するために諸官庁監督官(諸官庁のアミール)がおかれた。すなわち軍人に徴税官の業務を補佐することが委ねられていた。ファーティマ朝最後のカリフの宰相であったサラディンは、ファーティマ朝時代のエジプトの行政の複雑な業務のなかで訓練を受けた有能な官僚たちをたくみに彼の配下に組み込んだ。その官僚機構の頂点に、カーディー・アルファーディルが文書庁長官の身分で位置し、実質上の宰相として活動した。彼は、全予算の管理と公文書を起草する責任を負った。

　ファーティマ朝とアイユーブ朝に仕えた有力者はファーディルだけではなかった。彼の推薦でしばしば高官がサラディンの配下にはいった。それらのうちもっともよく知られているのは、マフズーミー家、マンマーティー家の者たちである。両家はそれぞれ、行政と財政に関する重要な二つの著作を著した人物を輩出した。アリー・マフズーミー▲とイブン・マンマーティー▲である。とりわけ、イブン・マンマーティーは、農業生産や行政組織についてのみならず、一一七六年と八一年の間にサラディンが計画した検地▲にもとづいたエジプト人の

サラディンとその息子アズィーズ・ウスマーンのもとで、軍務庁長官、諸官庁の監督官を務めた。アズィーズ・ウスマーンのために『諸官庁の諸規則』四巻を編集した。その要約のみ現存する。執筆の動機は、財務行政の模範書を提供することによって書記の業務を容易にするためであった。

▼検地　アラビア語ではラウク。ラウクという言葉は、コプト語のローシュに由来し、ロープを使って土地を計測するという意味である。ローシュは、土地の分配を意味する古代エジプトの民衆文字のルフに由来する。これは古代エジプトにおいて確立した慣行であった。租税を調整し、耕作地の増減を査定するために土地の調査が必要であった。ムカッラファという言葉はエジプトで長い間土地財産の登録という意味で使われていた。マーシュと呼ばれる役人が登録簿を作成した。サラディンの検地は、のちのマムルーク朝時代の検地のように、土地測量のほかに税収高(イブラ)の確定やイクターの再配分などは含まれず、土地測量と地租率の改革であったようである。

集団の分類を記述していた。検地は、農地の法的地位を確認し、収穫高を評価するために表面積を確定する必要から、エジプトでは数世紀前からおこなわれていた。理論的には三〇年ごとにおこなわれなければならなかったが、実際には、アラブの征服からオスマン朝のエジプト征服までの間に六度おこなわれた。サラディンの検地は四度目であった。

　それ以外の同種の改革もエジプトにおいておこなわれた。エジプト人の行政官の助言で、彼はハラージュ徴収のための暦の調整を命じた。ハラージュは、収穫された穀物に対応して徴収され、現金または現物で支払われた。税の基礎はナイルの氾濫期の九月に確立された。ハラージュ暦年▲は、毎年同じ季節に徴税がおこなえるように、ヒジュラ暦ではなく太陽暦のコプト暦にしたがった。したがって、ヒジュラ暦との間でずれが生じる。混乱を避けるため、調整がおこなわれたのである。サラディンが権力を掌握する前におこなわれた調整から六〇年後の一一七一～七二年にハラージュ暦に二年の調整がおこなわれた。

▼ハラージュ暦年　アラビア語では、サナ・ハラージーヤ。太陽暦のコプト暦にもとづく。ハラージュ税の徴収は収穫時におこなわれ、ハラージュ暦年にしたがって見積もられたが、これには困難なことがあった。ハラージュ税は、太陰暦にしたがって算定されたため、それは太陽暦よりもおよそ三三分の一年短かったのである。この問題を回避するため、ヒジュラ暦の三三年ごとにハラージュ暦年を一年調整する必要が生じた。

マクスの廃止

財政の分野では、一一七一年サラディンは違法とみなされていたマクス（雑税）を廃止した。それは租税負担を軽減する政策でもあったのである。イスラームにおいては、合法の税は、一定以上の収入をえているすべてのムスリムによって支払われる喜捨のザカート、それから地租であるハラージュ、非イスラーム教徒に課される人頭税のジズヤのみであった。それ以外のあらゆる税、とくに手工業や商業活動に課される税、すなわち商品の流通や売却に課される税は違法であり、原則として禁止されていた。しかし、それらは国家に巨額の収入をもたらすためしばしば容認されてきた。それゆえ統治者によるこの税の制限は、イスラーム法を厳格に適用するという意思表示を示していた。そのため、これを実行すると民衆から喜ばれた。

イブン・ジュバイル▲は、サラディンが廃止したこの税について以下のように記している。

ミスルやその他の地域では、なおこれに加えて、大小を問わず売買する者すべてに課せられる税としての、不当なマクス税があった。ついにはナイ

▼**イブン・ジュバイル**（一一四五〜一二一七）　アンダルスの旅行家。バレンシアの太守に書記として仕えた。その旅行記『旅路での出来事に関する情報覚え書』はメッカ巡礼の体験を綴ったもので、十字軍時代の歴史、各地の政治や社会状況を知るうえで貴重な史料である。

ルの水を飲むことに対してマクス税を課したほどで、他のもろもろの諸税についてはいうまでもない。サラーフ・アッディーンは、このような呪うべきビドア（違法行為）すべてを廃止したので、公正さと安寧をあまねく広げた。スルターンの公正さと、道路の治安維持のおかげで、スルターンの国内では人々は夜でも安心して思いどおり振る舞えたし、闇を恐れることもなかった。

マクスは、アラム語やヘブライ語からアラビア語にはいった古い言葉で、関税や市場税を意味していた。この言葉はジャーヒリーヤ時代にすでに使われており、エジプトではファーティマ朝時代にはあらゆる種類の小さな税がマクスとして知られるようになった。しかし、マクスは人々が不正とみなす不人気のものであった。ファーティマ朝時代からマクスとして知られていたこの税は、のちにマザーリム、ヒマーヤートなどと名称を変え、時の流れとともに人々を抑圧する中心的な税になっていた。またエジプトでは、経済的衰退のおもな原因の一つになっていった。マムルーク朝時代までには、マクスとして課税されていないものはほとんどないほどにまで達していた。

しかし、この雑税は、しばしば支配者によって廃止されてきた。例えば、サラディンだけではなく、バイバルス（在位一二六〇～七七）、カラーウーン（在位一二七九～九〇）、バルクーク（在位一三八二～八九）などのマムルーク朝スルターンがそれを試みた。マクリーズィー▲は、サラディンが廃止したマクスの項目の詳細を記している。例えば、香辛料とその労働者、商品と隊商とその労働者、カイロに輸入された亜麻布、銅、錫、珊瑚、秤、ナツメヤシの商館、綿の旅館、カイロのフスタートの羊の市場などである。その総額は、毎年一〇万ディーナールであった。その結果、国庫への多額の歳入を失うことになった。この税は、関税のほか、職人によって生産されたさまざまな商品、果樹園、窯、公衆浴場、製粉所などそこからささやかな利益を生むものも対象となっていたのである。

　しかし、この税を廃止すると軍事遠征費の調達が難しかった。マクスはイスラーム法では違法とみなされていた。このため、マクスを廃止したサラディンは、ザカートの徴収を再編することでこの財政的損失を埋め合わせることを思いついた。ザカートはムスリムの財産に課せられたイスラーム法にもとづく喜捨であった。マクリーズィーによれば、エジプトにザカートを最初に導入した

▼マクリーズィー（一三六四頃～一四四二）　マムルーク朝時代のエジプトを代表する歴史家。イブン・ハルドゥーンの講義にも列席した。カイロの市場監督官、マドラサの教授などを経て、著作活動に専念した。『地誌』『諸王朝の知識の旅』など二〇〇余点の著作を残した。

のはサラディンであった。理論上は、あらゆるムスリムは、困窮者、ジハードに従事する者、旅行者のために、ザカートを提供することになっていた。彼は、国家レベルでこの税の徴収を最初に組織した。サラディンがおこなったこの徴税の利点は、その一部が国庫をつうじてジハードに使われたことである。

イクターの再編成

サラディンがおこなったそのほかの主要な改革は、エジプトのイクターの再編成であった。マクリーズィーは記している。

スルターン・サラーフ・アッディーンの治世からわれわれの時代まで、エジプトの土地はスルターン、彼のアミールたち、彼の軍隊にイクターとして割りあてられていた。

このイクター制は、アミールたちに軍事奉仕と引き換えに割りあてられた土地の徴税権を付与することによって軍事制度を維持することを可能にするものであった。しかし、彼らには土地そのものやそこに住む人々に対するいかなる支配権も付与されなかった。それゆえ、その本質的な点において西欧の封建制

▼アレクサンドリア　アレクサンドロス大王とその後継者によって帝国内に多数建設された都市の一つ。ナイルデルタの北西の地中海に面した都市。隆盛を繰り返し、十世紀以降イスラーム文化の中心がバグダードからカイロへ移るにともない、地中海交易の拠点として繁栄した。イタリア商人、マグレブからのムスリム商人が多数来住した。

▼ダミエッタ　下エジプトのナイルの東支流の河口に位置する。エジプトを征服した将軍アムルに派遣された軍隊によって征服された。ムタ

とは異なる。

　サラディンがエジプトにおいて最初におこなったことは、ファーティマ朝の高官、黒人やアルメニア軍団によって所有されていた土地の没収であった。サラディンはそれを一族や配下の軍人たちにイクターとして再配分した。彼の父アイユーブには、アレクサンドリア▲、ダミエッタ▲、デルタの西部が授与された。弟のトゥーラーン・シャーには、上エジプトのクース▲、アスワン、アイザーブ▲などが授与された。サラディンのアミールたちは、サラディン家の者に比べれば規模はそれほど大きくはなかったが、主要なイクターを授与された。

財政の改革

　貨幣は、通貨の役割を担うだけではなかった。権力者の正当性とその地位が刻まれていた。それはまた重要な政治的で象徴的な意味をもっていた。場所と日付に加えて、その権力によって認識される為政者の名前と預言者の継承者であるカリフの名前が刻まれていた。その裏づけなしにいかなる支配者も権力の座にとどまれなかった。それゆえサラディンも貨幣に彼の名とカリフの名を刻

ワッキルの命により城塞化された。ダミエッタは、十字軍にとってはエジプトへの入り口であったため重要な役割をはたした。マムルーク朝のバイバルスの時代には、河口は封鎖され、船舶の出入りが制限された。

▼クース　上エジプトのナイルの東岸に位置する町。ルクソールの北三〇キロメートルに位置し、紅海にもっとも近い町の一つ。紅海の港をつうじてインド洋と結びつく交易によって発展した。パレスチナにおけるイェルサレム王国の成立によってヒジャーブへの巡礼路が断たれたため、クースからアイザーブを経由してメッカへ向かう巡礼路の重要性が増した。

▼アイザーブ　紅海に面した港町。九世紀にはメッカへの巡礼路およびイエメンからの商人によって使用されていた。アスワンとクースからキャラバンによってナイルと結ばれていた。アスワンからは一五日、クースからは一七日の行程であった。十一世紀からイエメンとの交易によって重要性が増した。とくにカーリミー商人の活躍した時代に繁栄した。

サラディンの名前と発行地カイロが刻印された銀貨（ダマスクスのシリア国立博物館蔵）

サラディンの銅貨（ライプツィヒ大学蔵）　一一九〇〜九一年、マイヤーファーリキーンで鋳造。サラディンの座像が刻まれている。

んだ新しい貨幣を鋳造することによって、彼の権力とその正当性を主張したのである。サラディンの時代、金貨の鋳造は例外があるもののエジプトでおこなわれた。銀貨は、彼の支配領域の主要な都市でサラディンの名が刻印されて発行された。銅貨にもサラディンの名が刻まれた。

　十二世紀末のエジプトでは貴金属が欠乏していた。十一世紀から十二世紀の最初の三分の一まではファーティマ朝の金貨は、重量では法定金貨の水準（四・二三三グラム）に近い数値を維持しており、純度では九八パーセント以上であった。それにもかかわらず、ファーティマ朝の治世の終わりにエジプトに影響を与えた政治的経済的問題、軍事的出費の規模の大きさ、ファラオの墓からの金の枯渇、とりわけヌビア鉱山からの金の枯渇から、サラディンの到着前にすでに大きなディーナール危機に陥っていた。

　銀貨に関しても、十一世紀には価値は減じていた。疑いなく銀がだんだん希少になり、その需要が増加していたからであった。硬貨は、三〇パーセントが銀貨で、残りが銅貨であった。この銀貨は黒銀貨と呼ばれ、そのレートは三四から四〇ディルハムが一ディーナールに相当した。

サラディンがエジプトで権力を握ったあと、彼はファーティマ朝金貨の重量よりも軽い金貨を発行し続けた。その金貨には、彼自身の名とアッバース朝カリフの名が刻印されていた。とりわけ、彼は銀貨の再評価をおこなった。彼がダマスクスで発行した銀貨は純度の高いものであった。一一八七年、エジプトにおける「黒銀貨」にかわって彼が発行した新しい銀貨は、ナースィリー銀貨（サラディンの称号から）と呼ばれた。

これらの改革は、サラディンが背負い込んだかなりの軍事的支出をカバーするには十分ではなかった。カーディー・アルファーディルは、このことをよく知っており、エジプト経済が圧迫されていること、国庫が欠乏していることを嘆いている。一一八九年、彼はエジプトの歳入を四六五万三〇一九ディーナールと見積もった。そのうち、軍事費が八四％であった。残りの大部分は諸官庁の業務のため、司法行政や宗教にたずさわるウラマーのために使われた。すなわち、軍事遠征費が途方もなく巨額でありエジプトが担うには大きな負担になっていたことを示している。一一八四年、ファーディルはサラディンに対して、軍事費の支出の法外な高騰をもはや制御できないという不平をもらしている。

しかし事態は数年後も改善しなかった。

われわれの主人はエジプトのお金をシリアを征服するために使い、シリアのお金はジャジーラを征服するために、またそのほかのお金をシリアの海岸地帯の征服に使っている。神の御意思は、コンスタンチノープルのお金はローマの征服のために使われるものである。すべての統治者はただ神の出納係であり、資金を彼に引きわたすのを待つ間、資金を管理しているのである。神は、神にかわって彼がそこから資金を引き出すことに感謝している。神は、彼らが蓄えたすべての金貨、銀貨のため彼らを蔑むのである。われわれの主人の心に苦痛がないようにしよう。神は主人が寛大に分け与える支出を減じることをなさらない。

とアブー・シャーマ『二つの庭園』に記されているように、十字軍に対する継続的な戦争は、財政的に困難な大仕事であった。サラディンの財政的困窮を示すエピソードが残されている。一一八七年、イェルサレム王国への襲撃の際に、シリアの海岸のテントから側近のカーディー・アルファーディルに発信された書簡には、厳しい経済的状況が記されている。秘書の一人は廷臣たちに、スルターンは絶望的な財政的苦境に立たされていること、早急に資金が必要であることを告げている。

サラディンは、臣民の富裕者たち、指揮官たちに借金を申し出なければならないほど追い込まれていたが、誰もが彼に言い訳をし、一ディルハムさえも提供する者がいなかった。そこで彼は、彼の部下や奉公人たちから宗教指導者たちにまで借金を依頼した。彼は彼らにいった。「出費ができるすべての者は、一〇日分の出費を手元に残しておきなさい。残りを我々に借金として差し出してほしい」と。そこで私、イブン・クライシュは、その命令書をたずさえた。……私は一〇日分の出費を手元に保持し、私が所有していたすべてを差し出した。私以外の部下も同様にした。

このように明らかなのは、サラディンによる敵対するムスリム軍との戦いと十字軍との戦いは出費が多すぎたことである。

城塞の建設

サラディンにとって最優先事項はエジプトの防衛であった。エジプトの地中

▼シシリー人　エジプトとの関係についていえば、ファーティマ朝はシシリーと密接な関係をもっていた。サラディンが政権を手にしてからは、ウィリアム二世は敵として一一七四年にアレクサンドリアに艦隊を派遣した。サラディンとの接触は、地中海沿岸でのマルカブの戦い以降はなくなった。

海沿岸は、シシリー人▲やフランクの攻撃の危機にさらされていた。サラディンは、このことに十分気付いていた。彼は権力を確立するとすぐに、カイロや地中海沿岸の都市の城塞化計画に着手した。一一七一年彼は自らアレクサンドリア防壁の視察に出向き、また同年、腹心の一人であったカラクーシュにカイロの城壁の修復の監督を命じている。しかし、サラディンの主要な計画は、カイロに城塞を建設することであった。城塞は一一六七〜七七年にカイロとフスタートの間のムカッタムの丘の山麓部に建設が着手された。また、両都市を取り囲む城壁の建設も始まった。

これまで建設の理由については、十字軍と内部の反乱に対する防衛のためといわれてきた。そのほかの動機としては、多少理念的であるかもしれないが、サラディンは、これまでの統治者がおこなっていたように、新しい王朝を開く際に新しい城塞の建設をおこなう慣例にしたがったようにもみえる。というのも、シリアの大都市は城壁と城塞を備えており、ヌール・アッディーンもサラディンがダマスクスに居住していたときに、城塞の主要部分の改築をおこなっていたからである。また、ファーティマ朝の宮殿はすでに手狭になっていたこ

▼マリク・アルアーディル（一一四五〜一二一八）　兄のシリア遠征中エジプトを統治した。兄の没後、後継者争いに巻き込まれ、甥のアフダルを打破してエジプト・シリアのスルターンに就任した。

ともその理由としてあげられる。

サラディンによるこの城塞建設計画が完成するのは次のマムルーク朝時代になってからであった。この城塞は、その後何世紀にもわたってエジプト支配の要《かなめ》としてムハンマド・アリー王朝時代（一八〇五〜一九五三）まで機能し続けた。しかし、その形態は、サラディンの時代につくられたものであった。

サラディンは弟のマリク・アルアーディル▲と建設中の城塞に出かけた。到着すると彼は弟のほうを振り向き、「弟よ、私は、この城塞をお前の息子たちのために建設しているのだよ」といった。驚いたマリク・アルアーディルは、「神は、この世をあなたとあなたの子孫にお与えになられた」と答えた。するとサラディンは、「お前は私の言葉をわかっていない。私は成功したかもしれないが、私の息子たちは私と同じように幸運だとは思えない。お前は成功していないが、お前の息子たちは幸運に恵まれるだろう」と答えた。

言葉をかえれば、サラディンは、自分の息子たちではなく甥たちがエジプトの支配権を継承し、城塞の主になることを予言していたのである。この典拠の

●─ルマイラ広場（現在のサラディン広場）からみた城塞

●─アザブ門　サラディン広場に面した門。十八世紀にリドワーン・カトホダー・アルジャルフィー（マムルークのアミール）によって建設された。

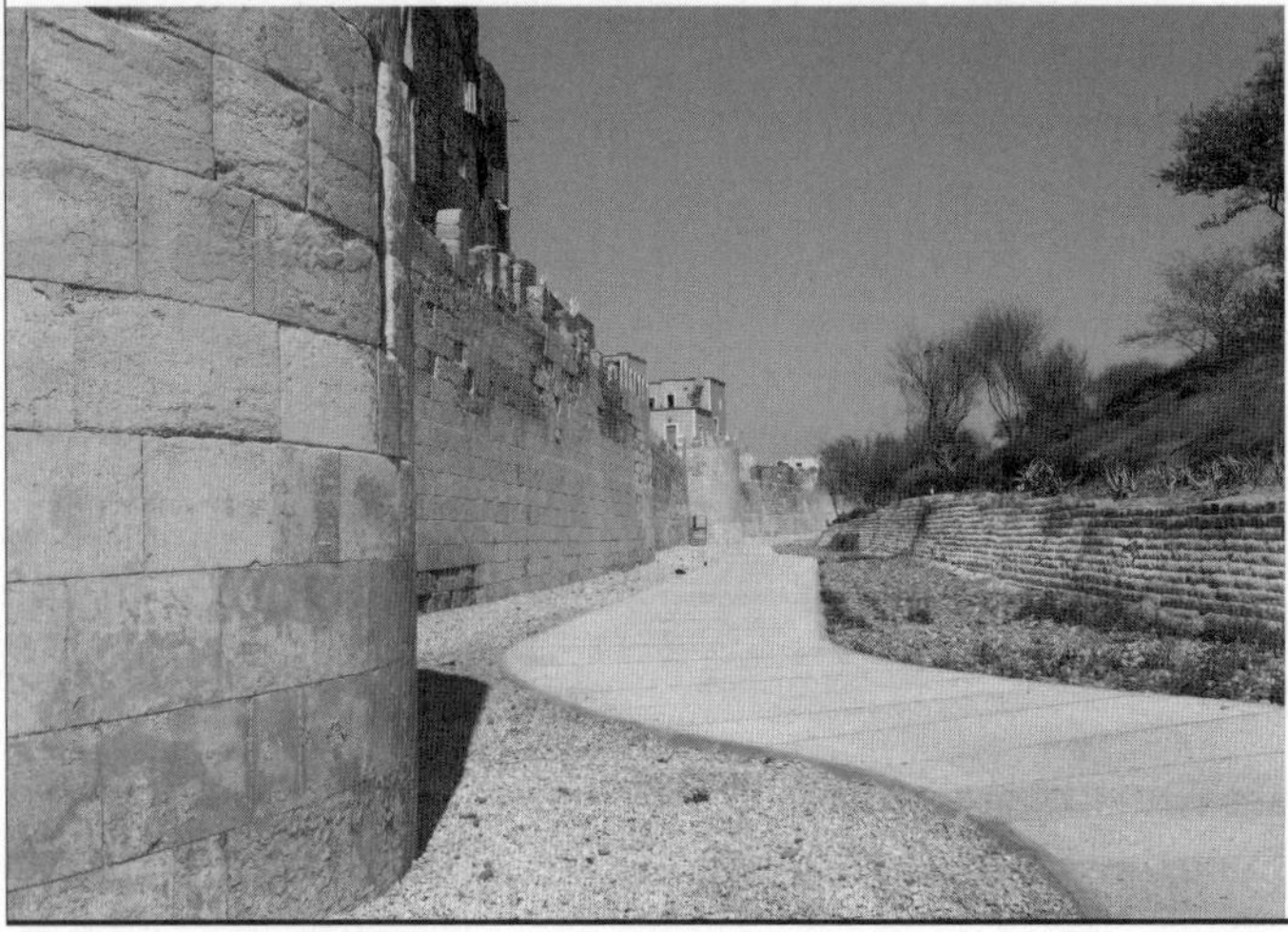

●─サラディンの時代に建設されたカイロの城壁と城塞を結ぶ城壁　近年修復が完了した部分。

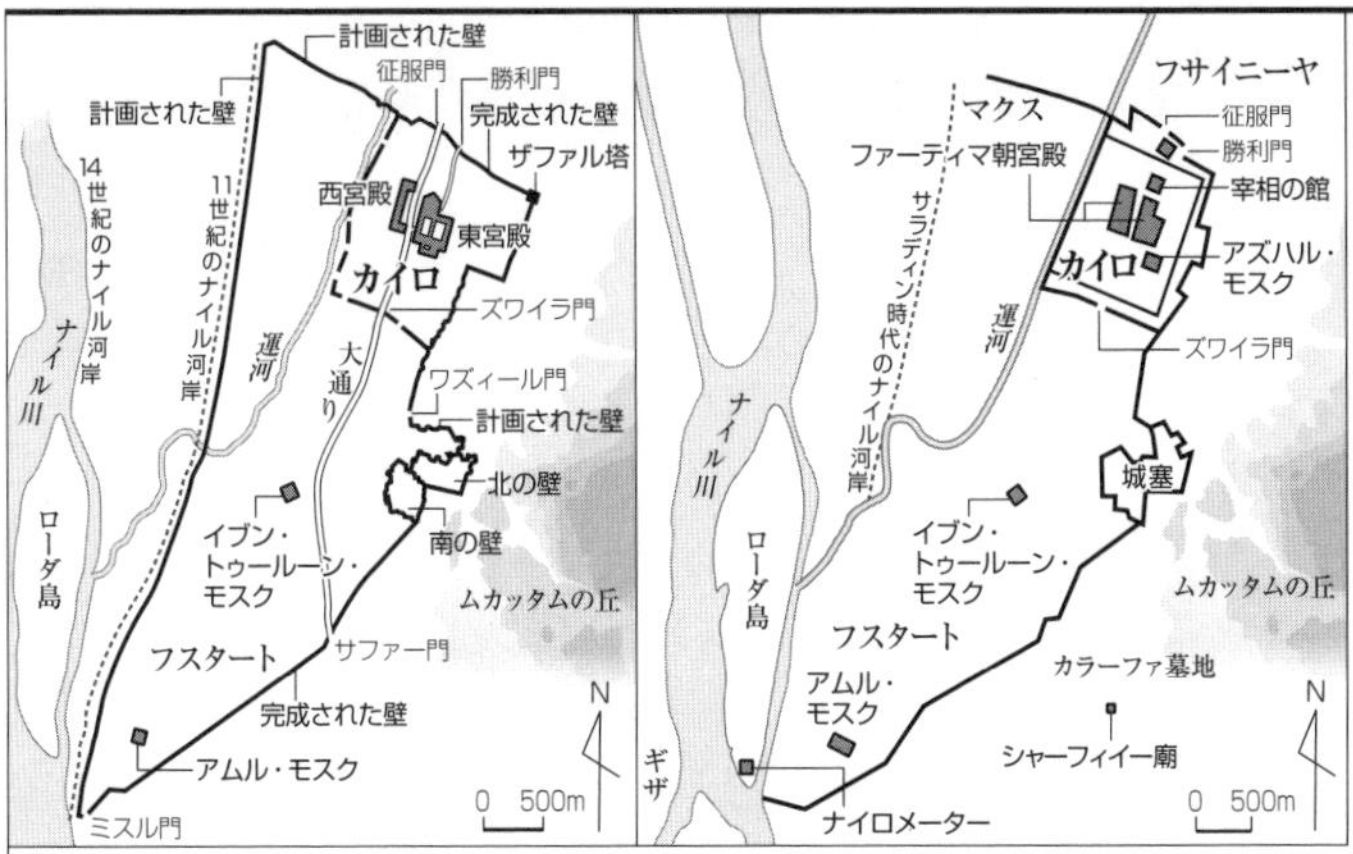

●アイユーブ朝のカイロ(右)とサラディンの防御計画(左)

●ファーティマ朝のカイロ

●**鷲のレリーフ**(サラディンの紋章)　城塞の正門であるバーブ・アルアザブ(アザブ門)をくぐるとまもなくカトホダー門にいたる。そのまま、まっすぐ進むと、右手の壁の上部に頭の欠けた巨大な鷲が埋め込まれているのが見える。レリーフは枠のなかに彫られていて、古代エジプトの塔門を示している。鷲は、羽を広げ、誇張された鉤爪をもち、尻尾は逆さ吊りにされた五枚の花弁のユリに似せてつくられている。一六七〇年ころ、この鷲を見たオスマン朝時代の旅行家エヴリヤ・チェレビーによれば、それは双頭の鷲であり、彩色されていて、二つの銅の舌をもっていたことがわかる。そしてこれはサラディンの紋章として知られている、力の象徴であった。

あやしい物語についてマクリーズィーは、もっともらしい言い訳をしている。「権力は創設者の子孫というよりも、密接な仲間や近親者に移行される」と。

城塞は、ムカッタムの丘から西方のナイルにかけて広がる高台にカイロを見下ろすように位置している。また、カイロとフスタートの二つの都市の中間に位置している。この場所はサラディン自身によって選ばれた。マクリーズィーによれば、城塞の基礎と建設の理由は以下のようである。

その建設には理由がある。サラディンがエジプトでファーティマ朝に終止符を打ちその権力を手にしたとき、彼はカイロの「宰相の館」に居を定めた。けれども、エジプトのファーティマ朝カリフとシリアの支配者ヌール・アッディーンの支持者に悩まされていた。最初は、彼は兄のトゥーラーン・シャーをイエメンに派遣し、ヌール・アッディーンから自身を護らなければならなかった。イエメンを自らのために確保し、ヌール・アッディーンに対してそれを拒絶することになるからである。トゥーラーン・シャーはイエメンを征服した。また神はヌール・アッディーンの死去により、サラディンをヌール・アッディーンの脅威から救ったのである。彼の脇腹の安全により、サラディンはエジプトに彼自身の拠点を築くことを望んだ。彼はすでにファーティマ朝の二つの宮殿を彼のアミールたちに与え、彼らをそこに居住させた。彼の城塞の場所の選択の理由は、彼はカイロのなかに肉を吊るしたが、一昼夜にしてそれは悪くなった。一方、彼は城塞の場所には別の動物の肉を吊るしたが、二昼夜たってもそれは悪くならなかった。そこで彼は城塞の建設をそこに決めたのである。彼は建設をカラークーシュに委任した。カラークーシュは、一一七六〜七七年にカイロの市壁の拡張とともにその建設に着手した。彼はそれまで城塞の場所にあったモスクや墓を撤去した。彼は、ギザにあった小さいピラミッドを壊し、▲その石を壁や城塞、ギザの橋の建設に使用した。彼はカイロと城塞と古カイロを取り囲む市壁の建設に着手した。しかし、スルターンは壁と城塞が完全に完成する前に死去した。これらの事業はマリク・アルアーディルの治世まで放置された。アーディルは息子のマリク・アルカーミル▲をエジプト支配の後継者として任命した。カーミルは城塞を完成させた。彼は城塞にスルターンの住居(ダール・アッスルターニーヤ)を建設した。カーミルは死去

▼ギザにあった小さいピラミッドを壊す　一九九八年、サラディンの市壁の修復中に、カラークーシュがギザにあった小さいピラミッドを壊し、その石を使用したときのものと思われる石が発見された。そこには古代王朝のヒエログリフが刻まれていた。

▼マリク・アルカーミル（一一七七または八〇〜一二三八）　父アーディルの死後スルターン位を継承した。第五回十字軍を撤退させた。

するまでそこに居住した。その後、それはエジプトの支配者の場所として存続した。サラディンの息子アズィーズは、父が生きているときにおこなったように、時々、城塞に滞在した。そのとき、アズィーズは城塞から宰相の館に移動した。

マクリーズィーは城塞の建設地域が、健康に良い場所であることを示そうと思ってこの逸話を挿入したのかもしれない。しかし主要な理由は戦力的な重要性であった。それは北西にカイロを、南にフスタートを見下ろすほとんど無人の土地であり、かつ都市に連結する諸道を見ることができる利点もあった。包囲攻撃された場合でも、都市からの物資の調達が可能な距離であった。また都市で暴動が起こった際にも支配者が避難するのに十分孤立していた。

カラークーシュ

城塞は一一七六～七七年から一一八四年にかけて建設された。建設には莫大な財源と労働力が必要であった。マクリーズィーは、五万人のフランクの捕虜が城塞と両都市の間を結ぶ城壁の建設に駆り出されたと記している。一一八三

バーブ・アルムダッラジュ（階段通路の門）**の銘文**　城塞の内部にバーブ・アルムダッラジュ（階段通路の門）と呼ばれる門がある。この門の上には一一八三～八四年の日付があるオリジナルの銘文がはめ込まれている。そこにはこの城塞の建設の由来がアイユーブ朝の筆記体で記されている。

「慈悲深く慈愛あまねきアッラーの御名において……見よ、汝に輝かしい勝利を与えたぞ。これでアッラーは汝の古い罪も新しい罪もきれいさっぱり水に流して、汝にたいする恩寵を残りなく授け、まっすぐな道を歩かせてやろうとしていらっしゃる。アッラーが汝を力強いお助けで、助けてやろうとしていらっしゃる。我らが主であるサラディンは、カイロに隣接するこの輝かしき城塞の建設を一一八三～八四（ヒジュラ暦五七九）年カラークーシュに命じた。」

この銘文には、サラディンやカラークーシュの名は記されているが、彼らが完成させたとは記されていない。

年にエジプトに滞在していたアンダルスの旅行家イブン・ジュバイルは、建設中の城塞を見ている。

サラディンのアミールであったカラークーシュは、サラディンがエジプトを去ったあとも、城塞の建設、カイロとフスタートを囲む壁の建設を監督した。二つのプロジェクトは独立していた。カラークーシュは二つの都市を囲む壁の建設を完成させることはできなかったが、サラディンが去ったあとのわずかな期間に、彼が着手した城塞建設の第一段階は終えた。彼のあとは、サラディンの息子アズィーズをはじめとして歴代の支配者に受け継がれ、およそ三〇年後に完成した。

カラークーシュは気高い意志をもって知られていた。彼は、カイロとフスタートを囲む壁、城塞の建設をおこなったほか、ギザに橋を架け、フトゥーフ門のところにワクフで運営されるハーン・サビールを建設した。サラディンは十字軍からアッカを奪還するとそこを彼に与えた。十字軍がふたたびアッカを奪い返したとき、彼は捕虜となってしまったが、一万ディーナールで自らを解放させたといわれている。一一九二年のことであった。彼がもどると、サラディ

▼**カティーア** 支配者から個人に授与された分与地を指す。

▼**ハーンカー** スーフィー教団の修行のための施設。ペルシア語起源の言葉。十一世紀後半、セルジューク朝の拡大とともに広まった。

ンは大変喜び、三万ディーナールのカティーア▲の授与のためにダマスクスに出かけた。つまりサラディンは彼を国の支配においては重用したのである。カラークーシュは、一二〇一年カイロにおいて死去した。

人々はカラークーシュの厳しい支配のあり方に驚嘆した。現在でもカイロ方言で「ホクム・カラークーシュ」という彼に由来する言葉があり、厳しいルールや決定を意味する言葉として使われている。

宗教施設の建設

アイユーブ朝時代、サラディンとその継承者たち、アミールたちは、カイロにおよそ二五のマドラサを建設した。エジプトは九六九年からサラディンが登場するまでシーア派のファーティマ朝に統治されていた。スンナ派の復活を進めるサラディンにとって、マドラサの建設は重要な政策の一つであった。

一般的に、マドラサ建設の主要な理由は以下の三点にあるといわれている。第一は、十世紀のシーア派の台頭に対するスンナ派イスラームの強化のためであった。カイロのアズハル学院は、ファーティマ朝時代に建設され、シーア派

ハーンカー・サイード・アッスアダーウ

▼シャイフ・アッシュユーフ　カイロ、ダマスクスではシャイフ・アッシュユーフというスーフィーのシャイフの最高位に位置する人がいた。それはスーフィーの修行を管理する人であったが、その役割は精神的なものをこえて政治的な役割もはたした。

▼ビーマーリスターン　ビーマールは「病人」、イスターンは「場所」を意味する。

の教育の拠点として出発した。サラディンはそこをスンナ派の学院に変えた。正統派イスラームの新しい守護者にとって、マドラサは、シーア派を一掃するための主要な装置であった。第二の理由は、行政機構の忠実な官僚を養成する必要があったからである。マドラサは、宗教指導者層や法学者だけではなく、官僚もまた輩出した。第三の理由は、宗教指導者層を牛耳りたいという支配者の望みがあったからである。以上のような理由から政権を手中にしたサラディンはマドラサの建設を開始した。

また、スーフィーの修道場として、エジプト最初のハーンカー、ハーンカー・サイード・アッスアダーウもサラディンによって建設された。ハーンカーにはシャイフ・アッシュユーフという称号をもつ長がいた。ハーンカー建設の目的は、人々がスンナ派およびスンナ派諸学の普及に引きつけられたからである。ハーンカーには、スーフィーの修道士が居住し、学問や信仰に専念した。ハーンカーは、イーワーンに開かれた中庭、スーフィーたちが居住する小さな小部屋、キッチンや風呂などで構成されていた。

また、サラディンは、ビーマーリスターンも建設した。ビーマーリスターン

はペルシア語起源の言葉であるが、病院を意味する。イブン・ジュバイルの旅行記には、

またこのスルターンがほどこした善行のひとつでわれわれが見たものに、カイロの町のなかに建てられている病院があげられる。この病院は綺麗さといい、広さといい、見事な宮殿のようである。スルターンがこれを建てたのは、その慈善のゆえに〔来世で〕良き報酬を受けようとしてのことである。学識ある者をそこの管理人に任じ、医薬品の保管箱を彼に任せ、種々多様な処方に従って調合し、それを使って治療にあたらせている。この宮殿の小部屋にはベッドが備えられており、患者は完全に設備の整った寝床に伏すことができる。使用人は、その管理人の管理下におかれ、早朝と夕方に患者の病状を調べ、病人にあった食べ物や飲み物を運んだりする仕事にあたっている。

この場所と向かい合って女の患者のための隔離された施設がある。そこには病人の面倒をみる付添人もいる。これらふたつの施設と接して別の建物があるが、そこには広い中庭が付いている。そこの小部屋の窓には鉄格子

●—サーリヒーヤ・マドラサ　アイユーブ朝は征服とジハードの王朝であったため、アイユーブ朝時代の建築物の多くは砦や要塞であった。しかし、サラディンによってカイロが新しく生まれ変わると、新しい建築物もつくられ、この時代の新たな特徴があらわれた。カイロに現存するサーリヒーヤ・マドラサにはその特徴がよく残されている。

●—ミナレット　モスクのミナレットはアイユーブ朝のスタイルに発展し、それは香炉型であった。

●—ムカルナス　モスクなどでムカルナス（蜂の巣をかたどった壁龕）の装飾が増えた。ムカルナスの起源は十世紀のペルシアと考えられ、建築構造の端や繋ぎ部分に装飾として使われた。

●—ミフラーブ　ミフラーブ（メッカの方向を示すための壁面に設けられた壁龕）には大理石が使用され、またモザイクを使用した装飾がほどこされた。

●—ナスヒー体　ミフラーブにはナスヒー体の文字が使用された。アラビア文字の書体の一つで、十世紀に能書家のムハンマド・ブン・ムクラによって考案された。丸みを帯びた書体で著作・印刷用書体として用いられる。そのほかに、クーフィー体、ルクア体、ディーワーニー体、マグリビー体などがある。

がはめられているが、それは精神病患者を保護しておくためのものである。精神病患者に対しても、毎日彼らの病状を調べ、適切に対応する係りが控えている。スルターンは、調査したり、尋問したりしてこの状況すべてをみており、充分な気配りをし、また熱心にこれの保持に努めている。

と記されていて、この時代にすでにビーマーリスターンがかなり繁栄していたことがわかる。

現存しているシャーフィー廟の建設は、サラディンによっておこなわれた。また、墓をおおう大きなドームは、マリク・アルカーミルによって建設された。シャーフィイーの墓の隣にはサラディンの妻のアミーラ・シャムスと息子のマリク・アルアズィーズ・ウスマーンが埋葬されている。

カイロの町の復興

オスマン朝に征服されるまでのカイロは、五〇〇年以上にもわたる複雑な歴史をもっている。すなわちファーティマ朝により建設されてから、アイユーブ朝、マルムーク朝と、三つの都として発展してきた。しかし、その間のカイロは中世のカイロとして一くくりではとらえることができない。ファーティマ朝カイロは、シーア派の宮廷都市の性格および軍事的性格を帯びていて、一般の住民には閉ざされていた。そこは、さまざまな民族の部隊が定住する空間であった。とくに異邦人の黒人奴隷兵およびアルメニア人軍団が多数を占めていた。

サラディンは、これらのファーティマ朝的性格を一変させた。黒人奴隷兵やアルメニア人兵士は一掃された。宮殿、家屋、商業施設、政府の建築物は、新支配者層などに開放され、スンナ派イスラームのための宗教施設が新しく建設された。こうしてカイロの軍事都市としての性格は払拭され、一般の人々にも開放されたスンナ派のイスラーム都市の性格を獲得した。このため、より良き生活を求めて移住してきた新しい移住者によって急速に人口が増えた。

また、シャーワルによってフスタートが焼き払われると、フスタートの住民はカイロに移住した。その結果、職業別の居住区がいくつも出現した。例えば、ランプ通り＝靴屋、ラミーラ街区＝馬丁、ライハーニーヤ街区＝黒人アフリカ人、ハッシャービーン街区＝大工、ハッダーディーン街区＝鉱物製造業者、などが知られている。

③—イェルサレムの奪回

十字軍とイェルサレム

フランクは知っていた。彼らには、彼らが勇気を挫かれるまで、苦難を取り去ることができない一人の敵がいることを。われわれには彼らが武装解除するまで剣をおかないであろうリーダーがいることを。もしわれわれの考えがカリフの気高き承認をえれば、われわれはその鞘のなかにあっても恐るべき剣で戦うであろう。神が望み給うならば、われわれは我々の望みを成しとげるであろう。信者たちは彼らの手を外套から取り出す必要もなく、われわれは、神がその夜にその使徒を遣わしたモスクから捕虜を解放するであろう。

サラディンは一一七五年の初頭にこの書簡をアッバース朝のカリフに書き送っている。イェルサレムを解放する一三年前のことである。サラディンの治世の初期、彼の大部分のエネルギーはムスリムの敵との戦いに費やされた。彼はエジプト、シリア、パレスチナ、上メソポタミアのゆるぎない支配者として認められるために戦った。彼が彼の最終的な目標である十字軍勢力に対する戦いをおこなったのはようやく一一八六年になってからであった。しかし、彼は早い時期から、彼の権力の樹立とカリフからの承認の獲得に努めることが、ジハードに有利になると確信して、そのための周到な準備をしていたのである。

ヌール・アッディーンの活動の継続のために、サラディンの側近たちは、彼が十字軍勢力を退けることができる唯一の支配者であることを表明する。また全ムスリムにサラディンに従って戦いへと駆り立てるような言説をつくり出した。サラディンの敵たちは、反対になにもしないことを非難されるか、イスラームの敵との共謀を非難された。このような宣伝を広めるためさまざまな手段が使われた。彼らはあらゆる聴衆を対象にした。これらには以下のものが含まれる。人々をジハードに駆り立て、その成功に対する神への感謝を表明する金曜礼拝のフトバ、聖戦の功徳とイェルサレムの賞賛を語る書物、軍事技術の専門書、バグダードのカリフおよび支配者層へのサラディンの勝利を伝える書簡、彼の戦闘をたたえる詩、彼のジハード戦士としての功徳を記す伝記や年代記である。これら言説の目的は、ムスリムを結びつけ、ジハードの精神を高め、サラディンに名誉を与えることであった。

イスラーム都市としてのイェルサレムの歴史は、第二代カリフ、ウマル▲のイェルサレム征服に始まる。征服の年代に関しては諸説あるが、六三八年と思われる。タバリーの『預言者と諸王の歴史』には、ウマルがイェルサレム征服の際、キリスト教徒、ユダヤ教徒と取り交わした信仰と財産の安全保障に関するスルフ(和約)▲が記されている。

　慈悲深く慈愛あまねきアッラーの御名において……

　これはアッラーの僕、ウマルによってイーリヤー(イェルサレム)の住民に与えられる安全保障である。彼らには、彼らの生命、教会、十字架、儀礼の保護が与えられる。宗教的事柄においては、彼らにはいかなる規制もおこなわれることはなく、彼らのうち何人に対しても危害を加えることはない。イーリヤーの住民はほかの都市の住民と同じ方法でジズヤを支払わなければならない。

ウマルが取り交わしたこの和約は、その後のムスリムのイェルサレム支配の原理となり、基本的にオスマン朝時代まで踏襲されてきた。すなわち、イスラ

▼ウマル(在位六三四〜六四四)　第二代正統カリフ。イラク、シリア、エジプトの征服を指導し、イスラーム国家の組織化に全力を注いだ。イスラーム暦の制定、ディーワーンの創設などをおこなった。

▼スルフ(和約)　七世紀のアラブの大征服の際にスルフの観念は発展した。征服にはスルフ(和約)によるものと、アンワ(武力)によるものと二種類があった。スルフによる征服では、異教徒に彼らの政治的自治とその生命・財産の安全と信仰の保持を保障し、彼らに一定の税の支払いとそのほかの義務を課した。スルフを結ぶ相手は啓典の民にかぎられ、スルフを結び安全を保障された人々をズィンミーという。

▼アクサー・モスク　イェルサレムの聖域であるハラム・アッシャリーフの南西端に位置する。「銀のドーム」とも呼ばれる。ウマイヤ朝時代にワリード一世によって建設された。「遠隔の礼拝堂」の意味で、預言者ムハンマドが天馬ブラークに跨り夜の旅をした故事に由来してつくられた。

▼テンプル騎士団　第一回十字軍終了後にイェルサレム巡礼に向かう人々を保護するために創設された騎士修道会。正式名は「キリストとソロモン神殿との貧しい騎士団」である。エルサレム王国がもとのユダヤ教神殿跡の一部を与えたのでこの名称がある。構成員は修道士であると同時に戦士でもあった。ヨーロッパ各地に多くの領地と巨大な富を保持した。

ームの支配、保護のもとで聖地はさまざまな宗教によって共有され使用されてきた。イスラーム政権下における聖地の法的地位はイスラーム法によって規定された。このため、イスラーム法は、キリスト教徒やユダヤ教徒などのズィンミーにも適用された。彼らはムスリムの支配に服するという条件で、彼らの宗教とある種の自治が許されたのである。

一〇九九年七月十五日、イェルサレムは十字軍によって征服された。するとすぐに恐るべき虐殺が続いた。ほとんどすべての住民が通りや家屋で、見つけ出されると殺された。先例にあったように、神殿の丘に逃れ許しを望んだ者もほとんど虐殺された。六万から七万人と見積もられたイェルサレム城内の人々で虐殺を逃れた者はわずかな割合のみであった。

十字軍によって征服されたイェルサレムでは、それまで存在していた建物の機能が、彼らのために新しくされ、装飾と改良が加えられた。また、新しく建設された建物もあった。しかし、イェルサレムの町は形態的にはゆがめられることはなかった。アクサー・モスク▲は、テンプル騎士団▲に与えられるまでイェルサレム王の住居となり、十字軍の支配の拠点となった。岩のドームのモスクは、主の教会堂となった。

イェルサレムの住民の変化は著しかった。それまでのムスリム、キリスト教徒、ユダヤ教徒は、新たに来住したラテン人、シリア人キリスト教徒、それ以外の東方キリスト教徒にかわられた。そして、新しい政治的行政的統治機構が樹立された。また、住民の日常生活や祝祭などが変化し、イスラーム都市としての機能を失った。

サラディンのイェルサレム征服

十字軍に征服されているイェルサレムを奪還することは、サラディンにとって彼自身の威信のために、はかり知れないほど多くのことをもたらした。イェルサレム征服の日はイスラームにとって特別の日を念頭において選ばれた。その日は、イスラーム暦のラジャブ月二十七日(一一八七年十月二日)に相当し、預言者ムハンマドがイェルサレムから昇天をした記念日(ミーラージュ)▲といわれる。この日、ムハンマドがイェルサレムのハラム・アッシャリーフの岩の上から天上への旅に出たといわれている。この昇天がこの都市をイスラームの聖

▼**ミーラージュ**　元来は「はしご」を意味する。のちにはムハンマドの昇天を意味するようになった。またコーランには、神はムハンマドを連れてメッカの聖なる礼拝堂(アルマスジド・アルハラーム)から遠隔の礼拝堂(アクサー・モスク)まで夜の旅(イスラー)をしたと記されている。両者は区別される。

地にしているのである。明らかにサラディンはこの日とイェルサレム征服の日が一致するように熟慮したうえでその日を決定した。彼の勝利は無比のものであるばかりでなく、神を喜ばせる行為であったことを強調するためでもあった。イェルサレムの神聖性については、ムスリムの二大聖地であるメッカ、メディナとの関係において理解される。このためイェルサレムは、第三の聖地と呼ばれた。

サラディンは、イェルサレム包囲攻撃の前に、征服の証言者となってもらうようにシリアやエジプトの著名なウラマーを自らの軍営に招いていた。サラディンは、熟慮したうえで特別な神聖性を持たせるためにこの日を選んだのである。そして次のように記録が残されたのである。

サラディンがイェルサレムの降伏を受け入れたのは、ラジャブ月の二十七日であった。その前夜は、コーランに記されている預言者ムハンマドの昇天の日（ミーラージュ）であった。この驚くべき同時性に注意を向けてみたまえ、神はいかに預言者の夜の旅の記念日にムスリムの手にイェルサレムの回復を可能にさせたかがわかる。これは神がこの提供された服従を受け入れたというしるしであった。

岩のドームに架けられていた十字架が下ろされた。偉大なる感謝である。神はイスラームに力強い勝利を与えた。

和約（スルフ）の条件は、身代金を支払うことであった。青年男子は一〇ディーナール、女子は五ディーナール、子供は男女共に一ディーナールであった。身代金の準備ができた者は解放された。それ以外の者は捕虜にされた。神は捕虜になっていたムスリムを解放した。その数は多く、三〇〇〇人に達していた。

サラディンはイェルサレムに留まり、身代金を集め、それをアミールたちやウラマーに分配した。また身代金を支払った者たちを安全な場所に、すなわちスールに送り届けた。私が聞いたことは、サラディンがイェルサレムを去るとき（一一八七年十月三十日）、そのお金をすべて自分のために残しておかなかったということ、その額は二二万ディーナールであったということである。

かくしてイェルサレムはイスラームの手に取り戻された。それは、十字軍に

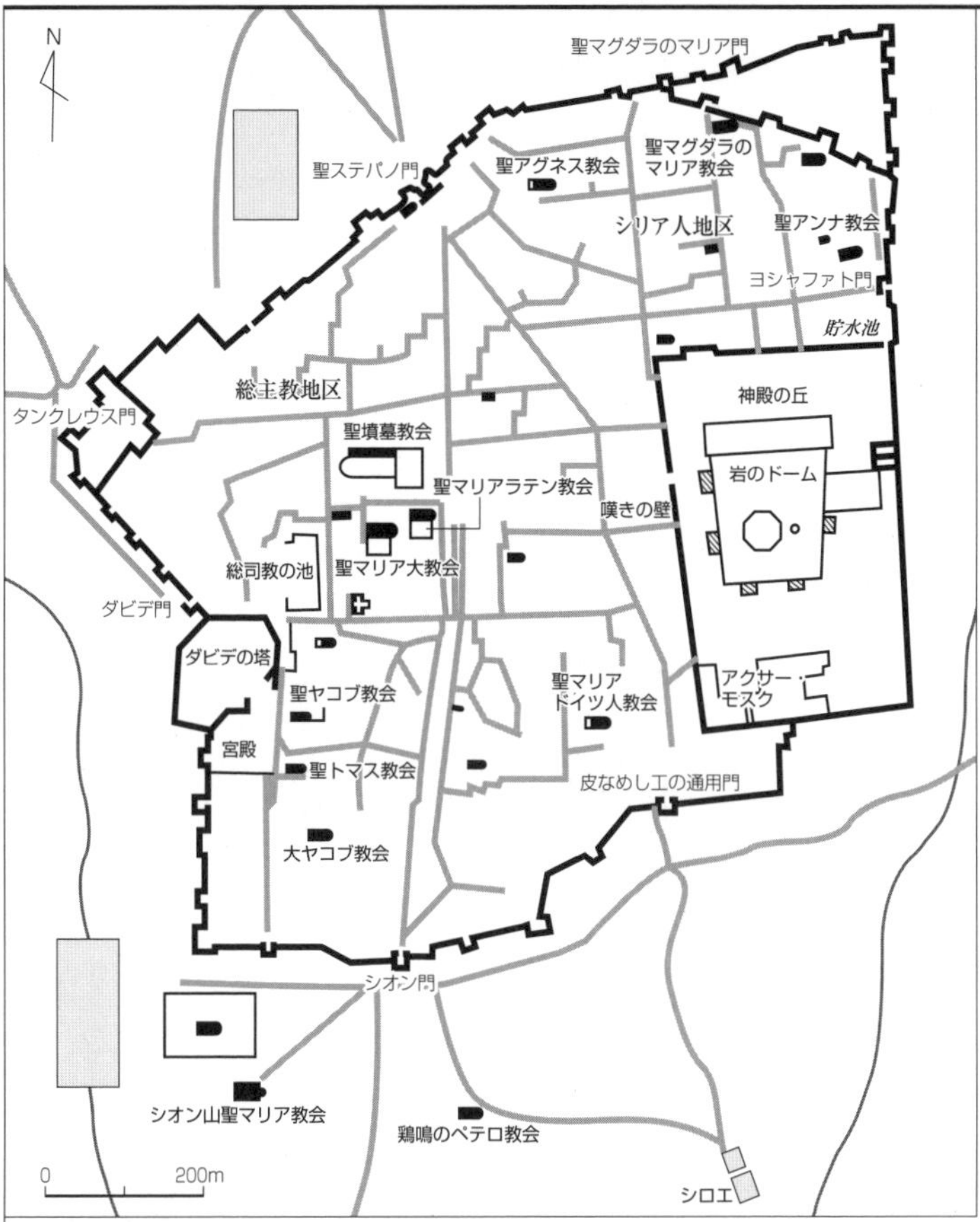

●—サラディンによる奪回直前のイェルサレム

●—イェルサレム

よる八八年の占領からの解放であった。サラディンの関心は、奪回後のイェルサレムをどのようにイスラームに回復させるかにあった。

(アクサー・モスクの)ミンバル(説教壇)が設置され、清浄なミフラーブ(壁龕)があらわれた。フランクが円柱の間につくったものが壊された。床を覆う粗末なゴザのかわりに豪華な絨毯が敷かれた。ランプがかけられ、啓示が朗誦された。真実が勝ち、偽りが無にされたのである。聖書にかわってコーランが支配的となった。礼拝用の絨毯が並べられ、礼拝がおこなわれた。祈願が際限なく続き、バラカ(恩寵)があらわれ、悲嘆が消えた。サラディンの命令でイェルサレムから、キリスト教徒の支配時代に付加された要素が取り除かれ、イスラーム的にかえる純化がさまざまなかたちでおこなわれた。

アクサー・モスクのフトバ

イェルサレム奪回後、アクサー・モスクで執りおこなわれる最初の金曜日のフトバ(説教)をどうするかは、サラディンにとって最大の関心事であった。これは、明らかに重要な公式行事であったので、サラディン自身および軍や国家の要人が出席することになっていた。そのため説教をおこなう名誉が誰に与えられるかをめぐって、彼の配下の宗教指導者たちの間で少なからぬ競合があった。選出される希望をいだいてフトバを準備していたこれらのウラマーのなかから、サラディンは、アレッポのシャーフィイー派の首席裁判官ムヒー・アッディーン▲を選んだ。

ムヒー・アッディーンがおこなったフトバの内容については、イブン・ハッリカーン▲の『名士列伝』のなかの彼の項目に詳細に記述されている。彼は、フトバではイェルサレムの重要性について、感銘深い言葉で述べなければならなかった。

ムヒー・アッディーンはミンバルにのぼると、コーランの開扉の章についで神をたたえる章句の朗誦でフトバを始めた。そして彼は、彼自身による言葉で、異教徒の穢《けが》れや汚れから聖地を浄化した神のご加護に対して特別の賞賛の辞を述べた。この言葉は、フトバのメッセージの中心部分を構成していた。つまり、神とその代理人は、イェルサレムをムスリムに回復させたことで感謝されなけ

▼ムヒー・アッディーン・ブン・ザキー（一一五五／五六〜一二〇一／〇二）　ダマスクス生まれのシャーフィイー派の法学者。フトバや書簡の起草に優れていた。ダマスクスで裁判官を務めていたところをカーディー・アルファーディルによって見出された。サラディンのもとで高い地位をえて、大きな影響力をもった。

▼イブン・ハッリカーン（一二一一〜一二八二）　伝記作者。バルマク家の一族と主張する有力家系の出身。モスルで歴史家イブン・アルアシールの知遇をえる。一二六一年マムルーク朝スルターン・バイバルスによってダマスクスの大法官に任命された。司法職を終えたのちはカイロでマドラサ・ファフリーヤの教授を務めた。

ればならなかったのである。

フトバの残りの大部分は、イェルサレムがムスリムの聖地である理由の列挙である。さらに、その解放者をたたえて、フランクに対する聖戦の継続を奨励する言葉が含まれている。これらの部分のなかでもっとも重要なものは、イェルサレムの賞賛すべき事柄(ファダーイル)の列挙である。都市のファダーイルの列挙はアラビア文学の様式の一つで、ムヒー・アッディーンのフトバのファダーイルの列挙は、彼らがなぜイェルサレムを解放するために戦ったのか、また彼らがなぜそのために戦いを継続すべきかをムスリムに思い起こさせるのに役立った。イェルサレムのイスラーム的メリットを、ムヒー・アッディーンは、サラディンとその側近たちを前にして以下のように明確に表現した。

それは、あなた方の父アブラハムの住まうところ、あなた方の預言者ムハンマドが昇天をされたところ、イスラームが始まったときにあなた方がその方向に向かって礼拝をしていたあなた方のキブラであったところです。諸預言者の住まわれたところ、聖者たちがめざすところ、神の使徒たちの廟があり、イスラームの揺籃の地、神の絶対的な命令がくだされたところ

▼ファダーイル　アラビア語で優越性、美点などを意味する言葉である。あるものの優れた点を列挙し、それをたたえることを目的に記述された書物を「ファダーイルの書」という。ムカッダスィー(?〜一〇九八頃)の『聖なる家の賞賛すべき事柄』が有名であるが、それ以外にも多数のものが記された。

▼キブラ　本来の意味は「向かう方向」であるが、イスラームでは礼拝の際に向かう方向を意味する。ムハンマドはアッラーの啓示を受けて、キブラをイェルサレム神殿からカーバ神殿に変えたため、以後イスラーム教徒はメッカのカーバに向かって礼拝をするようになった。モスクにはキブラを示すため、メッカの方向にミフラーブ(四三頁参照)と呼ばれるくぼみが設置されている。

です。それは、審判のために人類が集められるところ、復活がおこなわれる大地である。神がコーランのなかで語った聖なる大地のなかにある。神の使徒がお側近くの天使たちと礼拝をささげた礼拝所（アクサー・モスク）である。それは神が、僕と使徒を遣わしそのお言葉を授けた町である。神がマリアやイエスに投げかけた言葉が発せられたところである。神はイエスに対してその使命をたたえ、その預言をたたえ、彼の崇拝の場所を引き裂くことはなかった。

　アクサー・モスクは、二つのキブラのうちの第一のキブラであり、二つのモスクのうちの第二のモスクであり、第三の聖地である。

　イェルサレムの神聖性がそのように描かれたので、サラディンのイェルサレム征服は、イスラーム史においておこなわれた戦いのなかでもっとも神聖な戦いに例えられるに値するのである。すなわち、それはバドル▲、カーディスィーヤ▲、ヤルムーク▲、ハイバル▲の戦いであるが、これらの戦いでは預言者自らが彼の敵に対して目の覚めるような勝利を成しとげたものもあれば、またアラブ・ムスリム軍が強大なササン朝やビザンツの軍隊を打ち負かしたものもあった。

▼バドルの戦い　六二四年、ムハンマドがメッカのクライシュ族を破った戦い。この勝利によりメディナでの政治的立場を強めた。

▼カーデスィーヤの戦い　六三七年ころ、イラクのカーデスィーヤでおこなわれた戦い。ムスリム軍はササン朝の軍隊に勝利してイラク征服への道を開いた。

▼ヤルムークの戦い　六三六年、アラブ軍がビザンツ軍を破った戦い。この戦いでビザンツはシリアの支配権を失い、アラブ軍はシリア全土を支配した。

▼ハイバルの戦い　六二八年、メッカの住民とフダイビヤの盟約を結んだムハンマドはユダヤ教徒のナディール族の住むハイバルの町に遠征した。一カ月の包囲ののち、住民は降伏した。

▼アクサー・モスクのミンバル　ヌール・アッディーンは、イェルサレムの解放をかつて意図していた。それゆえ、一一六八年アレッポでミンバルをつくり、イェルサレム解放後にそれをアクサー・モスクに運ぶことを考えていた。しかし、それを実現する前に死去した。サラディンはイェルサレム征服後にいった。「これは、イェルサレムのためのものである。私は今、望みを手に入れた。神が望んだ者の手によって解放がなされた」。そこでサラディンは人を遣わし、アレッポからミンバルを運ばせ、アクサー・モスクに設置した。このミンバルは一九六九年八月二十一日に発生した火災により、木製であったため惜しくも消失した。焼け残った小さな破片は隣接するイスラーム博物館に保存されている。

けれども、アクサー・モスクに集まった勝利者たちが、彼らのすばらしき偉業の賞賛のために自己満足に陥らないように、ムヒー・アッディーンは彼らに神の恩恵を確認させ、神への服従の正しき道にとどまる義務を思い起こさせた。とくに、彼はジハードをやり抜く義務を呼びかけた。最後に、説教は、聖地の清浄者として征服者をたたえ、そしてその王国が拡大し、その息子や兄弟によって維持されることを望んで終わった。

サラディンとその従者たちがイェルサレムの奪回を、イスラームの敵に対して長い間おこなってきた、また彼の継承者たちによっておこなわれ続けるジハードの最高の成就とみなしていることはほとんど疑うことができない。勝利を宣告する七〇あまりの書簡は、バグダードのアッバース朝のカリフを含むイスラーム世界の支配者たちに送られた。都市の内部では、サラディンは岩のドームとアクサー・モスクを清めることをおこなった。イェルサレムのためにヌール・アッディーンが準備していたミンバル▲をサラディンは移送し、アクサー・モスクに設置した。

聖地の回復

シャーフィイー派のマドラサ、スーフィーの修道所、病院など、新しいワクフ施設が、彼の保護のもとに建設され、それらには彼の名前が付されている。聖墳墓教会は正教会として回復し、ユダヤ教徒は都市にとどまることが認められた。ムスリムの存在を復元するために、サラディンはアラブ諸部族を都市のなかや周りに配置したといわれている。イェルサレムの奪回から一カ月もたたないうちにアッカに向けて出発したとき、サラディンはその行政をアミールのフサーム・アッデーン・サールージュ・アットゥルキーに委ねた。

イェルサレムをめぐるサラディンと獅子心王リチャード▲との間の延長された交渉は複雑ではなかった。町をリチャードに引きわたし、キリスト教徒とムスリムとで分割し、スルターンの弟アーディルと王の妹のシチリアのジョアナ王妃が共同統治するというリチャードの要求は拒絶された。イェルサレムを放棄しないというリチャードの誓いに対して、サラディンはいった。

　イェルサレムがあなたに属するようにそれはわれわれにも属する。それはわれわれにはより重要である。というのも、そこは預言者が昇天への旅に

▼**リチャード一世**（在位一一八九～九九）　その勇敢さから獅子心王と呼ばれた。第三回十字軍でサラディンと戦い、決着がつかなかった。一一九二年両者の間で平和条約が結ばれ、十字軍はスールからヤーファーにいたる海岸地帯を領有し、ムスリム側はイェルサレムを含むシリアの内陸部と南北の海岸地帯を領有することが定められた。

出て行った場所であり、人々が裁きの日に集まる所だからである。それゆえ、われわれがこのことに関して躊躇することがあるとは思わないように。

イェルサレムの防衛を確固たるものにするため、一一九一年、サラディンは、攻撃を受けやすい場所の堀を深くする工事、および壁や塔の再建のために十字軍の捕虜を動員した。予期された攻撃は起こらなかったが、サラディンは、リチャードが聖地を出発する前に停戦条約を締結した。イェルサレムに直接影響を与えるこの協約の唯一の条文は、リチャードに聖地巡礼を組織する権利を付与したものであった。しかし、イェルサレムの地位は、パレスチナの沿岸、スールからヤッファまでの自由通行権を認める条文によって影響を受けた。

サラディンはイスラームのためにイェルサレムを奪還し、ムスリムの聖地を回復し、新しい宗教施設を樹立し、キリスト教徒とユダヤ教徒の町への出入りを可能とした。

イスラーム都市の構築

サラディンはイスラームのためにイェルサレムを奪回することに成功した。

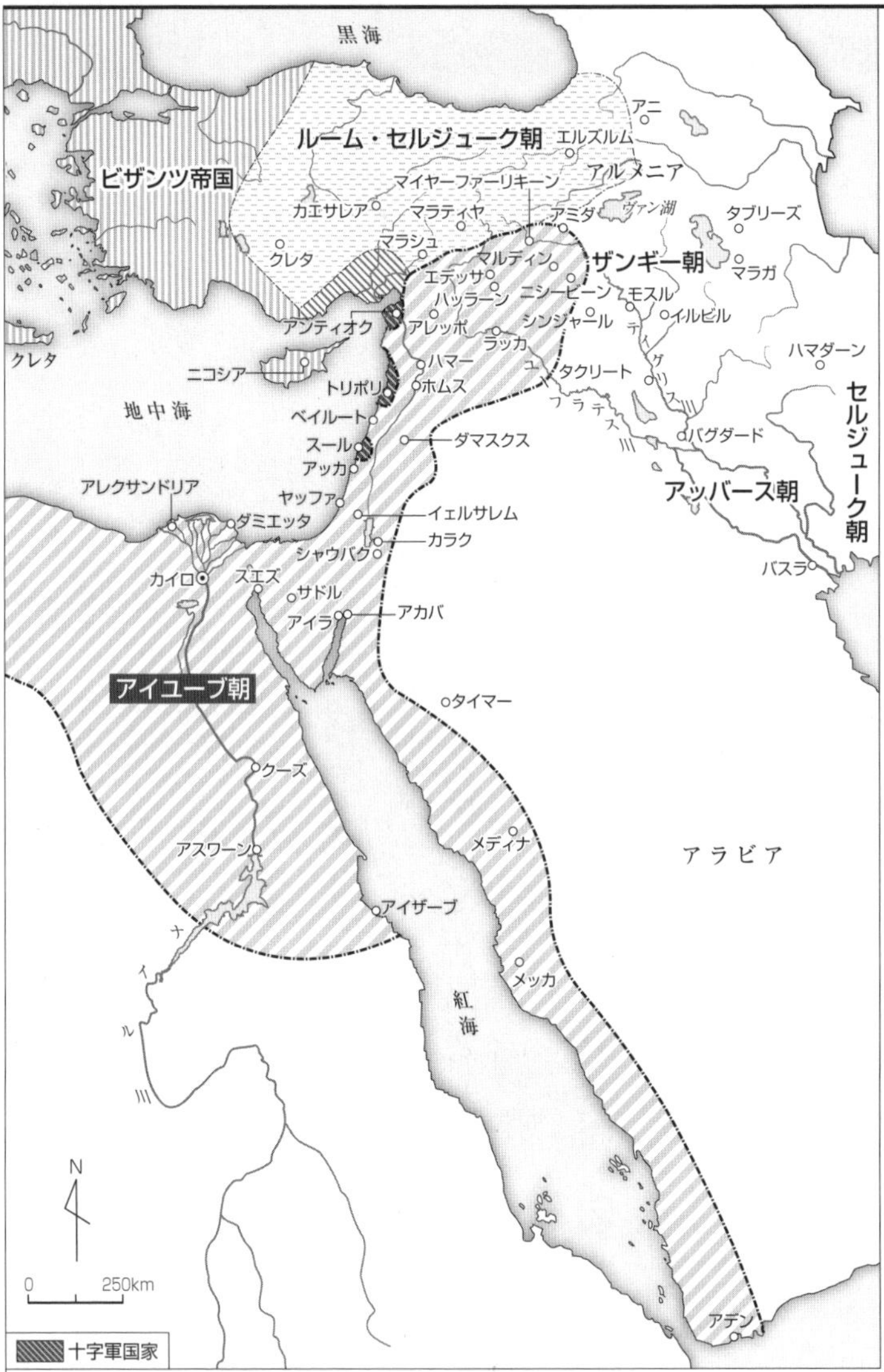

●—サラディンによるイェルサレム奪回直前の中東情勢

イェルサレムの再建計画を実施するにあたり、サラディンは一つの目的をもっていた。それは、以前イェルサレムがイスラームの神聖な場所であったことを回復することであり、イェルサレムを完全に再イスラーム化することであった。その目的のため、サラディンは具体的には三つの施設、すなわち、マドラサ(学院)、ハーンカー(修道院)、ビーマーリスターン(病院)を創設した。

それら三つの施設についていえば、マドラサは法学者たちが人々の生活の世俗面と宗教面の両方に留意して活動するところであり、ハーンカーはスーフィーたちが人生を神に捧げるところであり、ビーマーリスターンは病人や老人のケアに努めるところであった。

これらの施設の建設に際しては、新たに建物を建築したのではなく、すでにラテン教会の建物として使われていたものを再利用した。

一一八七年十月二日(五八三年ラジャブ月二十七日)、サラディンはイェルサレム奪還後、その改造に着手した。イマード・アッディーンによれば、「サラディンは聖都をいまわしいフランクの汚れから清めること、その穢《けが》らわしい服を脱ぎ去り、名誉の服でおおうことを誓った」といわれている。イェルサレムからはキリスト教のイメージが払拭され、イスラームのシンボルが加えられた。建物、農地、そのほかの財産がラテン教会から没収され、ムスリムのために使われた。サラディンは「岩のドーム」の礼拝指導者を任命し、彼に家や土地、庭園を与えた。

④―ワクフ政策

ワクフの導入

サラディンは、ファーティマ朝を倒し、エジプトにアイユーブ朝を樹立すると、エジプトとシリアにおいて政治的・軍事的支配を確立するためにさまざまな方策をおこなった。その主要な手段として使われたものにワクフ▲(宗教的寄進財産)制度があった。サラディンは、エジプトに東方のワクフ制度を紹介した最初の支配者であるといわれる。

サラディンのワクフ政策は、シリアにおいて彼の先駆者であったザンギー朝によってすでにおこなわれていた政策の継承であった。ザンギー朝は、ワクフ収入によってシリアにおける宗教施設の建設と運営をおこない、重要な社会的集団を取り込むために彼らをワクフによって支援することを目的とする政策を実施していたのである。というのも、ザンギー朝では宗教施設の構成員たちの協力をえるためにワクフが使用されていたからある。サラディンの主人であったヌール・アッディーンは、彼の支配領域のあらゆる地域でマドラサやハーン

▼ワクフ　ワクフとは宗教的寄進行為をあらわす言葉。アラビア語で「停止する」という意味をもつ。ワクフ物件とワクフ施設の両方セットで運営される。ワクフ施設の運営のために寄進された物件をワクフ物件またはワクフ財源と呼び、その所有権は永久に停止される。寄進の対象となる施設をワクフ施設またはワクフ対象と呼ぶ。ワクフ物件は、そこから収益があがるさまざまな不動産などである。ワクフ施設は、慈善を目的としたもので、宗教施設や教育施設、病院などである。学院の教師の給料や学生の奨学金は、ワクフ財源から支給される。

カーを建設して、それらを維持するための十分な財源であるワクフ物件を提供してその運営にあたっていた。

サラディンは、ファーティマ朝の寄進財産庁支配下にあった寄進財産を没収し、その収益を再配分した。サラディンが没収したこれらの財産は大部分が都市の不動産であった。彼は、リバーウ(賃貸住宅)からの収入と寄進財産からの配分を新しいワクフの維持のために徐々に移行していった。リバーウは、ファーティマ朝支配者層とその家族を経済的に維持するものとして建設された建物であった。その建物は賃貸され居住者が支払う家賃は、ヒジュラ暦にしたがって特別な徴収者によって徴収された。

サラディンのワクフ政策

サラディンのシリアにおけるジハードは、イェルサレムからの十字軍の追放によってその頂点を極めた。ヒッティーンの戦い▲に勝利したあと、サラディンは彼のワクフ政策をパレスチナに拡大した。それは奪回したイェルサレムをムスリム都市に変容させるためにとられた政策であった。

▼**ヒッティーンの戦い**　ヒッティーン(ハッティーンともいう)の丘は、ティベリウス湖の西およそ一〇キロメートルに位置するなだらかな丘陵地帯である。一一八七年七月四日、サラディンとイェルサレム王ギーにより戦われた。風上に立ったムスリム軍は雑草に火をつけ十字軍を恐怖に陥れた。このためムスリム軍の圧倒的勝利に終わった。サラディンはその勢いでイェルサレムを奪回した。

▼リバート　スーフィーの修道場をさす。アラブの征服の際に、軍事拠点(砦、避難所)が、リバート、ヒスン、カスルなどと呼ばれた。モロッコの首都ラバトの起源は、このようなリバートにある。リバートはやがて軍事的機能を失い、修道場を意味するようになった。

エジプトと違って、パレスチナを含むシリアの海岸地帯は、ムスリムの戦士たちが十字軍勢力と戦ってムスリムの手に奪還したものであった。サラディンは、勝利のあとに十字軍諸王国の支配下の教会や修道院を没収した。そこにワクフ施設としてマドラサやリバート▲を建設した。サラディンは、それらの施設を運営するために必要なワクフ物件を準備した。それらはイスラーム法に準拠したものであった。イェルサレムにおいて彼がワクフ物件として寄進した財産は、国庫から購入したかたちをとり、彼の私的財産とみなされた。法にのっとりそれらを寄進したのである。サラディンがイェルサレムを奪回したとき、そこに住んでいたのはムスリムの住民ではなく十字軍勢力であった。ムスリム人口はまだ十分には回復していなかったので、没収されたイェルサレムの財産は新たに建設されたワクフ施設を支えるのに十分であった。このイェルサレム奪回直後の不動産は国庫の財産であった。このような国有財産の寄進のワクフはイルサードと呼ばれ、その収益を受ける施設がムスリム全体の利益のためになることのみを前提として法学者によって承認された。

一一八九年十月二十七日、サラーヒーヤと呼ばれるスーフィーのための修道場(ハーンカー)をイェルサレムの聖墳墓教会の北に位置するラテン教会の総主教の館のところに建築した。彼の目的は、この都市にスーフィーたちが定住することを奨励することであった。このハーンカーについてはサラディンがワクフに設定したワクフ文書が残されている。それによると、ハーンカーのワクフ物件は、(一)ハーンカーと聖墳墓教会に直接接している地域。それに加えて製粉所、パン焼窯、「総主教の厩舎」と呼ばれる建物など。(二)聖ヨハネ騎士団の宿泊所の南に位置する総主教の浴場。(三)総主教の水場と呼ばれる建物群が付属した不動産などであった。これらは十字軍支配下の総主教の所有であった。

第三回十字軍▲がイェルサレムに近づいていたので、サラディンは警戒し、キリスト教軍との対決を準備した。バグダードのアッバース朝にあてた書簡のなかで、教皇があらゆるキリスト教徒にイェルサレムに向かうことを呼びかけたことを知らせた。イェルサレムの防衛を強固にするために、聖アンナ教会を没収し、一一九二年七月二十六日、それはサラーヒーヤ・マドラサと改名され、シャーフィイー派の法学院として再建された。

一一九二年十月ダマスクスに出発する前に、サラディンはイェルサレムに別

▼**第三回十字軍**　イェルサレムがサラディンによって奪われると、ドイツ、フランス、イギリスなどでは聖地奪回のための十字軍を組織しようとする機運が高まった。フィリップ二世とリチャード一世(獅子心王)は一一九一年にいずれもパレスチナに到着した。両軍はアッカでサラディンの軍と戦い、サラディンの軍は降伏した。しかし十字軍は内紛により、イェルサレムを奪回することができなかった。

サラーヒー病院

▼戦利品　イスラーム法では、分配可能な動産はガニーマ、分配不可能な不動産はファイと呼ばれる。ファイはムスリム全体のために保有される征服地と定義された。

のワクフを設定することを計画した。彼はイブン・シャッダードにイェルサレムに一つの病院を設立することを命じていた。建物は、聖母マリア教会を利用したものであった。それは彼の名にちなんでサラーヒー病院と名づけられた。けれども、一一九三年三月四日、サラディンはダマスクスにおいて死去したため、彼はその計画が完了するのをみることがなかった。

サラディンのイェルサレムにおけるラテン教会の財産の法的地位の移転に関しては、注目しておかなければならないことがある。パレスチナを含むシリアの海岸地域は、ムスリムの戦士たちと十字軍との間で争われた。サラディンは勝利のあと、十字軍諸王国の支配下にあった教会や修道院の財産を没収した。ムスリムの戦士が獲得した戦利品▲としての領土についていえば、それはイスラーム法の規定を受けることになる。ハナフィー派によれば、ムスリムの領土が敵に占領された場合、この領土は「戦争の家」▲となり、以前ムスリムによって所有されていた財産はもはや彼らのものとはみなされない。もしそのような領土がムスリムによって再征服された場合、これらのすべての財産は戦利品とみなされ、以前の所有者の手に回復されることなく勝利したムスリムの国庫に帰するものとされた。したがって、再征服後領土の帰属が問題化することはなかった。

ウラマーの東方からの来住

サラディンのワクフ政策のうち、教授の任命もザンギー朝の先駆者たちがおこなっていた方法が継承された。ヌール・アッディーンによって任命されたマドラサの教授の多くは、イスラーム圏の東方の地、イランやマー・ワラー・アンナフル▲などから新しくやって来た到来者であり、エジプト出身者ではなかったのである。サラディンは、まだこの時期、エジプトで輩出されたウラマーを信頼してはいなかった。そのため、サラディンはスンナ派の宗教学者が外からエジプトに移り、定住することを奨励し、好条件の俸給を支払った。また、学生の奨学金も魅力的であったため、数多くの優秀な学生がエジプトのマドラサに集まった。

名士列伝に依拠すれば、サラディンによって任命された教授たちの第一世代、法学者、サラディンの側近の宗教的指導者たちの多くは新到来者であったこと

▼**「戦争の家」**　イスラームは世界を二つに分けた。イスラームの支配がおよんだ領土(「イスラームの家」)とそれ以外の部分(「戦争の家」)である。「戦争の家」は、戦争が可能な領域とみなされた。その地域に暮らす異教徒はハルビー(イスラームの敵)とみなされた。

▼**マー・ワラー・アンナフル**　川の彼方を意味し、アム川の東岸をさす。歴史的には、アム川とシル川とで挟まれた地域をさす。クタイバ・ブン・ムスリムに征服されたのち、イスラーム化が始まった。サマルカンドを中心に繁栄した。

がわかる。シャーフィイー派に執着したサラディンは、カイロに設置された新しいマドラサの教授の任用と、前政権時代にイスマーイール派で占められていた宗教職のポストの任用に関しては、移住してきた法学者や教授たちに期待せざるをえなかったのである。このような任命により、サラディンとアイユーブ朝の支配者層は、宗教指導者層を取り込むことができた。またこのことによってスンナ派の確立がより強固となった。アイユーブ朝エジプトにおいて傑出した到来者を以下にあげてみよう。

マジド・アッディーン・ムハンマド・アルフタニー(?～一一八〇)は、壮大な遍歴をしたことで知られている。彼は現在のトゥルクメニスタンのフタンの出身で、サマルカンド、ブハラ、ホラーサーンで学業をおさめた。その後フタニーは、ジハードに参加するためにシリアに来住した。やがてヌール・アッディーンの目に留まりダマスクスのマドラサ・サドリーヤの教授に任命された。その後、巡礼を機会にエジプトに向かった。彼は、カイロのマドラサ・スユーフィーヤの長としてサラディンによって任命された最初の教授であり、このマドラサのワクフの管理人(ナーズィル)にもなった。彼の報酬は月額一一ディーナールであった。ワクフ収入の学生への配分はフタニーの裁量に任されていた。支給は学生の階級によって決められていた。

アブー・アルアッバース・アフマド・ブン・アルムザッファル・ブン・フサイン・アッディマシュキー(?〜一一九五)は、シリア出身であったが、ナースィリーヤ・マドラサの最初の教授として任命された。彼はイブン・ザイン・アットッジャールという通り名をもっていた。また、長期間このマドラサの教授を務めたこともあり、このマドラサは、イブン・ザイン・アットッジャールとしても知られていた。

ナジュム・アッディーン・ムハンマド・アルハブーシャーニーは、シャーフィイー派の法学者で、その学歴は非の打ちどころがなかった。ホラーサーンのニーシャープール地域のハブーシャーン出身で、ガザーリーの弟子のムハンマド・イブン・ヤフヤーに師事した。サラディンによってサラーヒーヤ・マドラサの長およびそのワクフの管理人として任命された。

ハーンカー・サラーヒーヤのワクフ文書

ハーンカー・サラーヒーヤ

ワクフによる支持基盤の確立

スーフィーの修道士のカイロやイェルサレムへの旅を奨励するサラディンの政策は、歴史史料のなかにも記されている。それはイスラームの神秘主義の見解とも一致する。スーフィーの行の規則集や入門書は修道士たちにそのような旅を奨励している。この規則の履行は、サラディンによってカイロに創設されたサイード・アッスアダーウ・ハーンカーのワクフ文書に記載された条件や、現存するイェルサレムのハーンカー・サラーヒーヤのワクフ文書の条文によって明らかである。そこには、イスラーム圏のあらゆる僻地からやってくるスーフィーたちが、民族に関係なく、ここに居住して修行に励むように記されている。

このように、ワクフはサラディンの財政的社会的政策において重要な装置として役立った。没収したラテン人の財産を再配分することで、彼は敵の経済基盤を切り崩すことができた。このため、新たに彼の支持者を獲得することができた。サラディンは、没収した敵の財産を、新たに任用された宗教指導者や学者に、また貧困人に割りあてることで、これらの集団から謝意を受けた。彼は、ワクフに設定された施設で多くの人々を雇用することができた。多くの雇用によって、さまざまな社会的勢力がサラディンを支持し、彼の支配勢力に協力するようになった。こうしてサラディンは、さまざまな民族集団からなるムスリムを彼の支配下の領土に定住させることを可能にした。これらの新しい移住者はイスラームの理念のために、またサラディンのために貢献した。彼らはサラディンをもっとも偉大なイスラームの支配者として、イスラームの敵である異教徒に対するジハードの勝利者として称賛した。このためサラディンのワクフ政策は、彼の立場を正当化し、移住者を彼の領土に引きつける力強い装置として役立ったのである。

⑤―サラディンの評価

サラディンの死

サラディンは五五歳でダマスクスにおいてこの世を去った。イブン・シャッダードはサラディンの最期を以下のように記している。

一一九三年三月四日の夜明け、アブー・ジャウハルと呼ばれる説教師が病床のサラディンのもとで信仰告白をし、コーランの一節を読んだ。「これぞこれ唯一の御神、アッラー。目に見える世界も、目に見えぬ世界もともに知悉し給う」と。するとサラディンが「そのとおり」とつぶやいた。一瞬彼の意識が戻ったのである。アブー・ジャウハルはまた続けた。「そのほかに神はない。彼こそはわしの唯一の頼り」。サラディンは微笑み、彼の顔は喜びに輝いた。彼は魂を神に差し出した。

サラディンは、最期のときを側近や息子のアフダルに看取られ穏やかな死を迎えている。しかし、サラディンの死は、イスラームとムスリムにとっては例えようのない喪失であった。

サラディンの墓（ダマスクスのウマイヤ・モスクの北の墓廟）

この日は正統カリフの死以来、イスラームとムスリムにこのようなことが起こらなかったのであるが、それが起こった日であった。城塞、町、この世は神のみが把握できるような喪失感によって圧倒された。

サラディンの業績

最後にサラディンの業績を振り返ってみよう。サラディンは、なによりもムスリムの方向性を示した偉大な支配者であったということができよう。十字軍に対して偉大なる勝利を実現し、聖地イェルサレムを奪回し、ジハードの象徴となった。サラディンは、エジプトからシーア派を一掃し、スンナ派を回復し、アッバース朝カリフのエジプト支配権を認めた。サラディンとその継承者は、多くのマドラサを建設した。その結果、教育が発展し、ハディース学、イスラーム法学が復興した。シャーフィイー派が広がり、多くの学者がエジプトに移住した。そのため、彼は宗教指導者層の厚き支持をえた。サラディンは、城塞として「山の砦」を建設し、スルターンの住居とした。また城塞とカイロを囲む壁を建設した。ハーンカーを建設し、スーフィーたちを呼び寄せ、スーフィー思想を奨励した。サラディンの功績としては、四つの古い首都(フスタート、アスカル▲、カターイア▲、カイロ)を統合し、一つの首都として大カイロの基礎を築いたことなどがあげられる。

サラディンの個人的なことについていえば、多少脚色されているが、サラディンの側近は次のように述べている。彼に近づく者は尊敬の念と混ざって彼に敬愛の念を禁じえないと。つまり彼の寛大さ、忠誠、憐みといったイメージは、彼の賞賛者によってつくられたのである。その背景には、彼の側近が彼に献身を駆り立てられたということが浮かび上がってくる。同時に、彼はまた無慈悲な人でもあったのである。親ザンギーのイブン・アルアシール▲は、サラディンの人生と経歴の最後の要約において、サラディンの不利な点を記しているが、より積極的な評価も記している。

彼の度量の大きさについていえば、彼が与えるものに関してはなんのためらいもなく多くを与えた。彼の寛大さの十分な証拠は、彼が死去したとき、彼の国庫には金貨一枚と四〇ナースィル銀貨のみが残ったという事実である。私は、十字軍と対峙してアッカに布陣したとき、ラクダは別とし

▼アスカル　七五〇年、フスタートの建設からおよそ一〇〇年後、第二の首都がフスタートの近くに建設された。アスカル(軍隊)は、アッバース朝カリフがエジプトを統治するために任命した総督であるアブー・アルアウヌが建設し、首都とした。その場所は、アムルのモスクとイブン・トゥールーン・モスクの間である。建物が建設されるとアスカルとフスタートが一体化した。アスカルはおよそ一二〇年間首都として機能し、トゥールーン朝が成立するまで六五人の総督が統治した。

▼カターイア　アッバース朝カリフの命により着任したアフマド・イブン・トゥールーンはカリフからの独立を意図し、慣例であったハラージュの送付を拒否した。彼は軍隊の強化を計画し、数千人の若者を購入した。このため首都が狭くなり、彼はカターイアの建設を開始した。その名は、各軍団がそれぞれのカテーア(カターイアは複数形、地区を意味する)に配置されたことによる。カターイアが首都であったのは、トゥールーン家の人々がエジプトを支配した三七年間のみであった。その後、

て馬とラバからなる一万八千の乗物を支給したと聞いたことがある。現金、衣類、武器に関しては数え切れなかった。エジプトにおいてアリーの王朝(ファーティマ朝)が終わったとき、彼らの宝庫から数えきれないほどのあらゆるものを取り出したが、そのすべてを分配した。

彼の謙虚さについては、彼は開放的で部下には威張り散らすことがなかった。彼は、傲慢な諸侯の振る舞いを酷評するのが常であった。スーフィーがしばしば彼のもとを訪れると、彼は彼らのために礼拝の集いをもった。彼らの一人が歌い踊ると、彼は立ち上がり、そのスーフィーが終えるまで座ることがなかった。

彼はイスラーム法が非とするものを身に着けなかった。彼は宗教的知識と理解を備えた人であり、ハディース学者でもあった。つまり、彼は彼の時代においてまれな資質の人物であり、度量の大きさとすばらしい行為を与えられた人物であった。異教徒に対するジハードの巨大な戦士であった。また、サラディンは、打ち続く戦争のために自らは巡礼をおこなう機を逸した。第一級の政治家戦略家で、イスラームを防衛した彼は、偉大な指揮官であ

首都はアスカルにもどった。

▼イブン・アルアシール(一一六〇〜一二三三)　サラディンと同時代の歴史家である。サラディンの政治権力と鋭く対立したザンギー朝の支配者層と交わった。しかし、一一八六年にザンギー朝がサラディンの宗主権を認め、サラディンに軍隊を派遣することを誓約した平和協定が結ばれてからは、八八年における北シリアでのフランクに対する戦闘に参戦した。彼がザンギー朝に同情を寄せたため、サラディンに対しては厳しい態度をとったとみなされている。したがって彼の判断は、同時代のほかの歴史家の記述とは対立する。とりわけ、サラディンに対して激しい抵抗を示した諸都市に対するサラディンの忍耐の欠如を批判している。また、彼はサラディンが征服地のフランクの住民がスールに避難することを許した過度の寛大さを非難する。したがって、イブン・アルアシールの記述は、彼に先立つ歴史家の記述とバランスをとるのに役立っている。

ったが、配下の軍人には優しく、その失敗には目をつぶった。敵にも寛大であった。悪意や復讐心をいだかなかった。ズルム(不正)を決して受け入れず、公正であった。

サラディンが公正なスルターンであることに努めたことは、サラディン自身が公正の館▲へできるかぎり出席していたことにあらわれている。サラディンは公正で、寛大で、慈悲深く、強者よりも弱者を護る人であった。毎週、月曜日と木曜日に公正の館で開かれる公正のための法廷に出席していた。そこには法学者、法官、ウラマーが列席した。訴願をするあらゆる人々に門が開かれていた。高い地位にある人、低い人、老婦人、長老にいたるまで彼に近づくことができた。それは彼が旅をしているときも出席するときもおこなわれた。サラディンは、彼に届けられたあらゆる直訴をいつでも受け入れたが、それは彼のもとに届けられた不正行為(マザーリム)を暴くためであった。彼は毎日直訴を集め、公正の門を開いていたが、行事や審理に忙殺されて、ときには人をして自身を探し出させることはしなかった。彼は夜であろうと昼であろうと暫くの間書記とともに座に

▼公正の館(ダール・アルアドル)
マザーリム法廷が開催される場所。マザーリム法廷は、通常の裁判官が裁くシャリーア法廷とは違い、政治権力者が裁く法廷である。直訴というかたちで、誰でも訴願をおこなうことができた。

ついた。すべての直訴を記録した。

同時代の歴史家、スールのウィリアムは、彼を寛大で、エネルギッシュで、野心的支配者として、その政策は十字軍国家に真の脅威を与えたとして記している。やがて、中世ヨーロッパ文学のなかで、歴史的サラディンは忘れられ、神秘的な騎士となった。空想的に解釈された彼の見方は十九世紀の文学のなかに継続した。

サラディンの業績に関しては、その負の側面も評価しなければならないであろう。サラディンは、エジプトに諸改革をもたらすことに多大の努力をはらったにもかかわらず、本格的な国家を建設することができなかった。彼は広大な領土を領有したが、そこに中央集権化された国家の構造を構築することを試みなかったのである。彼は、彼が支配下においた領土の将来について気にすることなく、彼の領土の資源を戦費に注ぎ込んだ。配下の者の任命に関しては恩恵特権を利用していたにもかかわらず、一方では不正を認めず正義を求めた。アミールたちは彼らに与えられた領地において、彼らに課されていたのはただ軍事義務を満たすという条件のみで、彼らが望むように支配を続けることが可能であった。サラディンの治世末期の財政危機と彼の軍団がさまざまな民族を含む不均質なものであったこととやがてその軍団が解体したことは、そのことをよく説明している。また彼の支配を支えていたものは、サラディン個人と支配を支えた人々との密接で強い個人的結びつきであったがために、サラディンの死後彼の支配は彼が生きていた時代のようには機能しえなかったのである。サラディンは十字軍との戦いにおいて、イェルサレムの奪回には成功したが、十字軍国家を完全に排除するにはいたらなかった。その戦略的失敗はもちろん彼だけの責任ではない。十字軍勢力の艦隊の優勢に比べて、サラディンの海軍力はエジプトやシリアの沿岸部を防衛するには非力であった。

サラディンとその時代

西暦	齢	おもな事項
1137～38	0	イラク北部の町タクリートに生まれる。クルド人の父アイユーブと叔父シールクーフは，モスルのザンギー朝に仕える。
1146	8	ザンギーの暗殺。ヌール・アッディーンはアレッポでザンギーを継承。
1152	14	サラディン，アレッポでヌール・アッディーンに仕える。
1154	16	ヌール・アッディーン，ダマスクスを併合。
1163	25	イェルサレム王国のアモーリー，エジプトに侵攻。
1164	26	シールクーフとサラディンによる第1回エジプト遠征。
1167	29	第2回エジプト遠征。
1168	30	ヌール・アッディーンはアレッポでミンバルをつくる。フスタート炎上。
1169	31	第3回エジプト遠征。 ***1-18*** シールクーフ，ファーティマ朝の宰相に就任。 ***3-23*** シールクーフ没。 ***3-26*** サラディン，ファーティマ朝の宰相に就任。 エジプトにアイユーブ朝を設立。
1170	32	サラディン，フスタートに二つのマドラサを建設。
1171	33	***9-3*** スンナ派の復活。 ***9-13*** ファーティマ朝最後のカリフ，アルアーディド没。
1174	36	***5-15*** ヌール・アッディーン没。 ***10-28*** サラディン，ダマスクスに入城。
1176	38	***9-6*** ヌール・アッディーンの寡婦，イスマト・アッディン・ハートゥーンと結婚。 カラークーシュに市壁と山の城塞の建設を指示。
1177	39	ラムラの戦いで敗北。
1179	41	バールベクを攻略。
1180	42	サラディン，上メソポタミアで戦闘を指揮。
1183	45	アレッポ，サラディンに開城。
1184	46	カラクの包囲。
1186	48	モスルとの平和協定成立。ジャズィーラ地方の統一。ギー，イェルサレム王に就任。
1187	49	***3-*** 聖戦への呼びかけ， ***7-4*** ヒッティーンの戦い。サラディン，ギー王支配下の十字軍を破る。 ***7-9*** アッカの攻略。 ***10-2*** 88年ぶりにイェルサレムを奪回。アクサー・モスクと岩のドームの整備。
1189	51	十字軍によるアッカの包囲。サラディンがこれを逆包囲。
1191	53	フランス王フィリップ2世，アッカに到着。 イギリス王リチャード1世，アッカに到着。 十字軍によるアッカの攻略。
1192	54	サラディン，リチャードと平和条約を締結。 サラディン，ダマスクスに帰る。
1193	55	***3-4*** サラディン，ダマスクスにて没。
1195		***12-15*** サラディンの棺はダマスクスのウマイヤ・モスクの北の墓廟に移送され，安置された。

参考文献

〔史料〕

Ibn al-Athīr, *al-Kāmil fī'l-Ta'rīkh,* 13 vols., Beirut, 1979; English tr. by D.S. Richards, *The chronicle of Ibn al-Athīr for the Crusading Period from al-Kāmil fī'l-ta'rīkh,* Part 2, Aldershot, 2007.

Ibn Shaddād, Bahā' al-Dīn, *al-Nawādir al-Sulṭānīya wal-Maḥāsin al-Yūsufīya,* Cairo, 1964; English tr. by D.S.Richards, *The Rare and Excellent History of Saladin,* Ashgate, 2001.

'Imād al-Dīn al-Isfahānī, *Kitāb al-Fatḥ al-Qussī fī al-Fatḥ al-Qudsī,* Leiden, 1888. Translated into French by H.Massé, *Conquête de la Syrie et de la Palestine par Saladin,* Paris, 1972.

〔単行本・論文〕

太田敬子『十字軍と地中海世界』（世界史リブレット 107）山川出版社，2011 年

佐藤次高『中世イスラム国家とアラブ社会――イクター制の研究』山川出版社，1986 年

佐藤次高『イスラームの「英雄」サラディン――十字軍と戦った男』講談社，1996 年

佐藤次高編『西アジア史 I――アラブ』山川出版社，2002 年

佐藤次高『イスラームの国家と王権』岩波書店，2004 年

関谷定夫『聖都エルサレム――5000 年の歴史』東洋書林，2003 年

谷口淳一『聖なる学問，俗なる人生――中世のイスラーム学者』（イスラームを知る 2）山川出版社，2011 年

ダン＝バハト（高橋正男訳）『図説イェルサレムの歴史』東京書籍，1993 年

柳沼豊「アイユーブ朝カイロのマドラサ設立とウラマー社会」『イスラム世界』55，2000 年

湯川武「アイユーブ朝とシシリー――サラディンとシシリー」『史學』44-1，三田史学会，1971 年

『イスラムと十字軍』（NHK スペシャル　文明の道　4）日本放送出版協会，2004 年

Chamberlain, Michael, "The crusader era and the Ayyūbid dynasty," *The Cambridge History of Egypt,* vol.1, Cambridge, 1998.

Eddé, Anne-Marie, *Saladin,* Harvard University Press, 2011.

Ehrenkreutz, A.S., *Saladin,* Albany, 1972.

Ehrenkreutz, A.S., "Saladin's Coup d' état in Egypt," Hanna, S.A. ed. *Medieval and Middle Eastern Studies in Honor of Aziz Suryal Atiya,* Leiden, 1972.

Frenkel, Yehoshu'a, "Political and social aspects of Islamic religious endowments (awqāf) : Saladin in Cairo (1169-73) and Jerusalem (1187-93) ," *Bulletin of the School of Oriental and African Studies,* 62-1, 1999.

Jackson, D.E.P., *Saladin: The Politics of Holy War,* Cambridge, 1982.

Leiser, Gary, "Notes on the Madrasa in Medieval Islamic Society," *The Muslim World,* 76, 1986.

Lev, Yaacov, *Saladin in Egypt,* Leiden, 1999.

MacKenzie, N.D., *Ayyubid Cairo: A Topographical Study,* Cairo, 1992.

Rabbat, N. O., *The Citadel of Cairo: A New Interpretation of Royal Mamluk Architecture,* Leiden, 1995.

図版出典一覧

Aḥmad ʻAbd al-Rāziq, *al-ʻImāra al-Islāmīya fī Miṣr*, Cairo, 2012. *41*

Al-Asalī, Kāmil Jamīl, *Wathā'iq Maqdisīya Ta'rīkhīya,* vol.1, ʻAmmān, 1983. *72*右

Jīhān Mamdūḥ Ma'mūn, *al-Dawla al-Ayyūbīya,* Cairo, 2009. *75*

Rabbat, N.O., *The Citadel of Cairo; A New Interpretation of Royal Mamluk Architecture,* Leiden, 1995. *35*

The Supreme Council of Antiquities ed., *al-Sultān al-Nāṣir Ṣalāḥ al-Dīn al-Ayyūbī bayna al-Qāhira wa-Dimashq,* Cairo, 2009. *28*

Ṭāriq al-Suwīdān, *Filasṭīn: al-Ta'rīkh al-Muṣawwar,* al-Kuwayt, 2010. *49, 53, 58*

Wizārt al-Thaqāfa, al-Hay'al-ʻĀmma al-Sūrīya li-l-Kitāb, *Kunūz al-Quds,* Damascus, 2011. *68, 72*左

著者提供 カバー表, 裏, *7, 34, 39, 43*

ユニフォトプレス提供 扉

松田俊道（まつだ としみち）
1952年生まれ
中央大学大学院文学研究科博士後期課程中退
専攻，中世エジプト史
現在，中央大学文学部教授，博士（史学）
主要著書
『聖カテリーナ修道院文書の歴史的研究』（中央大学出版部 2010年）
『アフロ・ユーラシア大陸の都市と国家』（共著，中央大学出版部 2014年）

世界史リブレット人㉔
サラディン
イェルサレム奪回《だっかい》

2015年2月20日　1版1刷発行
2019年9月15日　1版2刷発行

著者：松田俊道《まつだとしみち》
発行者：野澤伸平
装幀者：菊地信義
発行所：株式会社 山川出版社
〒101-0047　東京都千代田区内神田1-13-13
電話　03-3293-8131（営業）8134（編集）
https://www.yamakawa.co.jp/
振替　00120-9-43993
印刷所：株式会社 プロスト
製本所：株式会社 ブロケード
 ISBN978-4-634-35024-3